THE ART OF CREATIVE NOTE-TAKING
LEARNED AT STANFORD d.school

地頭が劇的に良くなる
スタンフォード式
超ノート術

柏野尊徳《かしのたかのり》
TAKANORI KASHINO

SB Creative

はじめに

▼「地頭の良さ」とは何か

あなたのまわりにいる「地頭が良い人」のことを思い浮かべてください。

- 普通の人が3日かかる作業を1日でこなすアイデアを思いつく人
- 聞いた話を即座に理解し、論点を整理できる人
- うっとりするような美しいプレゼンができる人

こうした高い発想力や思考力、他人を巻き込むコミュニケーション力が重要であることは、仕事で成果を出そうとする人のだれもが知っていることです。

しかし、具体的にそれらの力を高められる方法論となると話は変わります。

一体どうすれば「地頭の良い人」になれるのか？

多くの人がその方法を知らないがゆえに、「結局、頭の良さなんて生まれつきだよね」

「あの人は天才なんだよ」と、発想力や思考力を高めるための行動をあきらめてしまっています。

これはあまりにもったいないことです。

適切な方法さえ知ることができれば、年齢や性別、学歴や職歴に関係なく、誰もが今までの自分よりも優れた発想力や思考力を手にすることができるのですから。

私は、まさにその「適切なやり方」を、アメリカのスタンフォード大学で学ぶ機会がありました。

スタンフォード大学といえば、AppleやGoogle、Facebookといった企業が集まる、シリコンバレー地域を育てた教育研究機関です。いわば「世界最先端の知的生産の場」といっても過言ではありません。世界トップレベルの人材が集まり、それこそ天才としかいえないような、驚くほど地頭の良い人が、驚くべきアイデアを量産していて、様々な領域で日夜新しい研究やビジネスが始まっています。

もしかしたら、「スタンフォード大学という名門だからこそ、生まれつき地頭の良い人が集まっているのだろう」と思われたかもしれません。

しかし実際には違います。

「スタンフォード大学で学ぶことではじめて、地頭が〝劇的に良くなる〟」のです。

▼インプットではなくアウトプットのための「スタンフォード式ノート術」

スタンフォード大学に行く前は「きっと誰もが最先端のテクノロジーを使いながら、知的なワークを進めているのだろう」と勝手に思っていました。

しかし、いざ現地についてみると、教授も学生も、使っていたのは「紙とペン」でした。Apple や Google など、いわゆる世界最先端のテクノロジー企業が多く生まれている地域なのですが、そこで重視されていたのは、予想に反してアナログの極みともいえるツールだったのです。

しかもさらに驚いたのは、「大量の紙」を使わされることでした。

- 1、2時間のアイデア出しで、約4束・200枚の付箋を使う
- 大量のコピー用紙に書きなぐって、それをひとまとめにしてノート代わりにする
- パワポは使わずホワイトボードを何度も消して何度も書き直す

等々、とにかく、書く、書く、書く、書く……。人生でこんなに紙とペンを使ったことはないというくらいに、クラスで紹介される様々なフレームワークを通じて、ひたすらア

ウトプットしていくのです。無言で考えるのではなく、何度も書いて、書いて、書いていく中で、考えを整理していくことが求められました。

私が学んだスタンフォードでは、日本の学校のような「先生が言ったことをそのまま書き写す」「教科書の内容を整理する」といった、丁寧な書き方はまったく求められませんでした。

以前、『東大合格生のノートは必ず美しい』（文藝春秋）というベストセラーがありましたが、「スタンフォード式のノートは汚くて雑」です。

なぜなら、ノートを丁寧に書いている暇がないからです。

「どうしてスタンフォードでは、ここまでアウトプットの量とスピードにこだわるのだろう?」

ここに私は大きなカルチャーの違いを体感しました。

しかし同時に、日本人の多くに欠落している、仕事の大きなヒントも得たのです。

- 前例や思い込みに縛られず、アイデアをゼロから大量に紙に書き出すことで得られる「発想力」
- 乱雑なアイデアをフレームワークで整理することで得られる「論理的思考力」

■相手に察してもらうことを前提とせず、アイデアを徹底的に言語化することで得られる「共感力」

これこそまさに、「地頭の良さを手に入れる具体的な方法」ではないでしょうか？

それを知的生産の方法論として明確に確立し、ペンと紙さえあれば、才能によらず誰でもそれを簡単に実践できるようにしていること……。これが世界最高峰の大学である、スタンフォード大学の凄みに他なりませんでした。

▼「地頭の良さ」はノート術で鍛えられる

アメリカでは、ノートのとり方だけでなく、仕事においても、良くも悪くもいい加減な部分があります。仕事が雑ということもいえますし、スピード重視で物事が進みます。

一方、日本の仕事はとても丁寧です。時間がかかって遅いともいえますし、細やかで配慮が行き届いているともいえるでしょう。

どちらが良い・悪いということではないのですが、発展と変化が著しい時代で私たちが活躍するには、アウトプットの「スピード」と「量」がものを言うはずです。そしてそれは、スタンフォード式のノート術によって鍛えることができるのです。

本書では、ビジネスマンとして必要不可欠な地頭力を「発想力」「論理的思考力」「共感力」に分解し、それらの力をどこにでもある「紙とペン」を使って高める効果的な方法を紹介しています。

その土台となっているのは、2012年からスタンフォード大学で著者が学んだ方法論です。

スタンフォード生は授業を通して、紙とペンの扱い方についての一定の理論とフレームワークを学び活用しています。特にそれを専門的に教えるクラスは、社会人向けでは4日間で一人140万円も支払う必要があります。そんな高額な受講料にもかかわらず、いつも開催日の数ヶ月前には満席になる人気ぶりです。「今までとは違う仕事のやり方が身につく」ということで、文字通り世界中の様々な地域から優秀な人達がこぞってその手法を学びにきています。

「この知識を、一人で秘密にしておくのはもったいない。日本の人たちの役に立てるのでは」と思い、8年前からオンライン上で関連する無料テキストや動画を公開してきており、のべ16万人にダウンロードされています。また、経営者やビジネスマンはもちろん、大学教授や医者、弁護士から高校生まで、5000人以上の様々な人たちにワークショップや講演を通じてその方法を教えてきました。

ビジネスで欠かせない知的基礎は「発想力」と「論理的思考力」「共感力」というい わば当たり前の力によって成り立っています。この当たり前を、着実にスキルとして身につける機会を一人でも多くの方に提供するため、この本は執筆されました。

この本を通じて、一人でも多くの人が今より速く、クリエイティブかつ生産的に仕事に取り組み、今までよりも一段階上の成果を出せるようになれば幸いです。

目次

CHAPTER 1 IDEA NOTE FOR FLEXIBLE THINKING IN YOUR RIGHT BRAIN

第1章 右脳から発想があふれだして止まらなくなる「アイデア・ノート」

CHAPTER 2
LOGICAL NOTE TO IMPROVE THE ANALYTICAL POWER OF YOUR LEFT BRAIN

第2章 左脳で論理的に思考を整理する「ロジカル・ノート」

CHAPTER 3 PRESENTATION NOTE TO TURN IDEA INTO ATTRACTIVE STORY

第3章 相手の右脳と左脳に響かせる「プレゼン・ノート」

CHAPTER 4 BRAINSTORMING METHODS TO SHARE A VISION WITH YOUR TEAM

第4章 チーム全体の地頭力を高めるボードの使い方

CHAPTER 5 HOW TO INCREASE PRODUCTIVITY TO REALIZE YOUR VISION

第5章 脳をさらに高速で回転させる方法

INTRODUCTION

THE WORLD'S MOST ADVANCED NOTE-TAKING METHOD LEARNED AT STANFORD

序章　スタンフォードで教えている最先端のノート術

Overview

本書では、日本で一般的な「丁寧に」「正しく」「キレイに」書くようなノート術ではなく、「雑に」「汚く」「最速で」書けるノート術を紹介しています。

書いてみることによって、それまで曖昧だったものやあまり意識していなかったものを視覚的に確認することができます。それはもちろん、あなた個人の思考を鋭くする効果もありますが、さらに書いたものを元に相手に伝えることによって、チーム・仲間を望ましい方向に動かしていくことが可能になります。

SECTION 1

地頭が良い人の3つの特徴

本書における「地頭力」とは、「ゼロベースで成果を出す力」のことです。より具体的にいえば、次の3つの能力こそが地頭力の正体といえます。

1 発想力 ↓ 常識にとらわれず、スピーディーに大量のアイデアを生み出せる力
2 論理的思考力 ↓ 自分なりの視点で物事を整理・分析できる力
3 共感力 ↓ 周囲の共感を得ながら、実際に現実を変えていく力

以下より、それぞれの能力を紹介します。

1 突き抜けたアイデアを大量に出せる発想力

「地頭力」を構成する第1の力が、「発想力」です。

いま、個々人のセンスや才能と同一視されがちだったこの発想力を、誰でも必ず向上させることができる方法論が確立されてきています。

それこそが「デザイン思考」と呼ばれる新しい思考メソッドです。それはまさに私がスタンフォード大学で学んできたものであり、また世界中のエリートが今注目をしているテーマでもあります。

なぜデザイン思考に世界中から注目が集まっているのか。それは、スタンフォードを

Fig. 1　地頭力の3要素

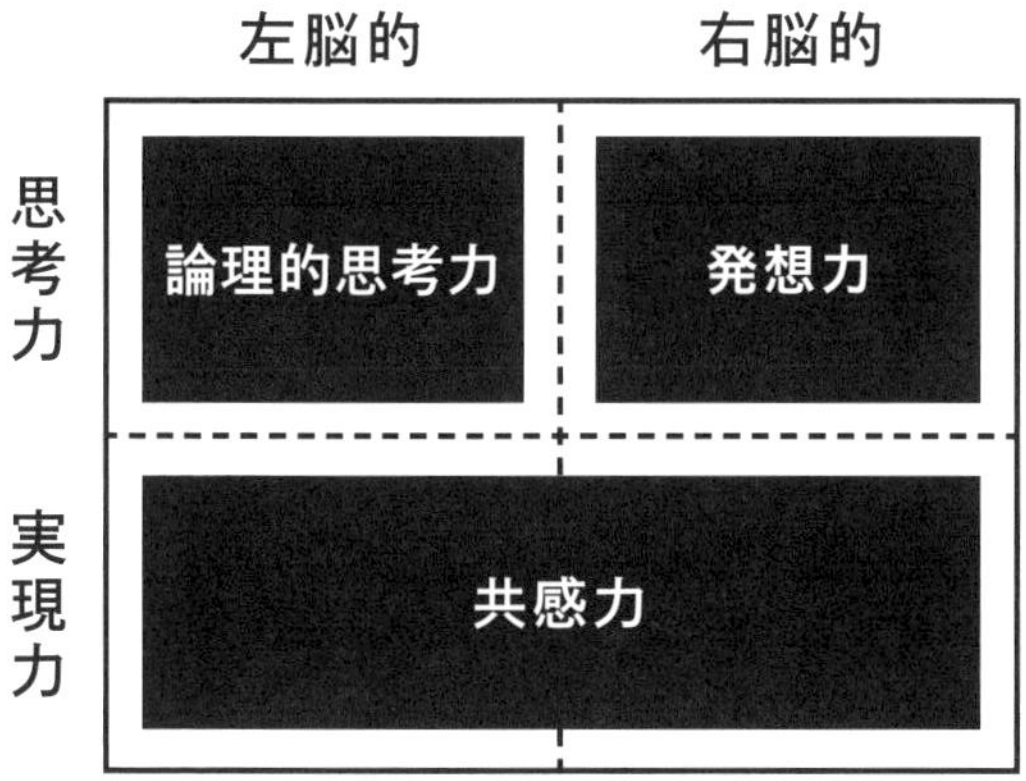

始めとした最先端の技術やビジネスが生まれている場において、ロジックだけではたどり着けない領域があるという「ロジックの限界」が意識されているからです。

　これまでの時代では、ビジネスにおいてロジカルに考えることが重要とされていました。あらかじめ決まった仕事の内容を、決まったとおりに効率よく実行することを考えておけばよかったのです。

　ところが、ビジネス環境が劇的に変わりつつある近年においては「何が正解なのかをじっくり吟味した上で成果を出すスタイル」では、情報を吟味している間に情報自体が古くなるリスクが高くなってしまいました。

　そこで「変化に応じて、新しいことをゼロから実践する能力」＝「発想力」が急激に求められるようになったのです。

　発想力を身につける方法論であるデザイン思考では、紙とペンという原始的なツールを中心に使います。

　実際、スタンフォードでデザイン思考を教えているクラスにおいても、パソコンのような電子機器を使うのはある程度仕事が進んでからです。まず最初は、紙とペン、それにホワイトボード程度のツールを用意して、自由にディスカッションしたり議論したりすることで、アイデアを発想していきます。

ワードやパワポ、便利なデジタルデバイスのアプリケーションを使わず、あえて紙とペンを使うのには、理由があります。

それは、「まずはとにかく手を動かす。そして手を動かす中で見えてきたことをさらに掘り下げる思考スタイル」を身につけることに、強制的に集中できるからです。

私たちには、アイデアを考えるときにせよ、プレゼンテーションや報告資料を書いているときにせよ、つねに「正解」を考えながら書き出すクセがついています。デジタルデバイスが手元にあると、自分の頭で発想を始める前に、グーグル検索で事例を調べたり、資料作成のテンプレートを探したりしてしまうのです。

このクセは、子どもの頃から大人になっていく過程で身についてしまいます。幼稚園や保育園の頃は自分たちの都合で好き勝手に描いていた絵でさえも、小学校、中学校で学ぶにつれ、「こんな絵を描くとまわりの人はどう思うか」というように、自分の内側にある気持ちや考えを表現するよりも、自分の外側にあるルールや周囲の目から見てどうなのかを考えるようになります。良くも悪くも一定の枠を意識して考えるようになるのです。

もちろん、社会的なルールや、正解か誤りかといった何らかの「枠組み」を意識して考えることと自体は悪いことではありません。しかし、この考えが強すぎると、自由な発想を閉じ込める原因になります。

このクセを脱して、子どもの頃のような自由な発想力を取り戻すためにもっとも有効なのが、5才児のお絵描きのように、紙とペンだけを使って、スピーディーにどんどん発想を書き出していく、デザイン思考のやり方なのです。

2 スマートな説明ができる論理的思考力

もう一つの力は論理的に思考することで、物事の良し悪しを客観的に評価する力です。ここでいう評価とは、物事やアイデアの長所と短所を、他の考え方やアイデアと冷静に比較することを意味します。

一つ目のスキルである発想力を高めれば、他の人が思いつかないようなアイデアを素早く出せるようになりますが、そのアイデアのどういった点が優れていて、どういった点は弱いのかを理解するには、やはり「ロジック」の力が重要となります。

論理的思考力を高めることで、例えば、あるアイデアの実現に3ヶ月かかるのか3年なのか、もし3年で着実に実現するならどんな人の協力が必要なのか、低予算で3ヶ月で実現するなら何をすべきか、といった点も客観的に理解できるようになります。

客観的に理解できれば、それらの要素を詳細に検討し、どこに無理があるのか、どこに問題があるのかを明らかにすることができます。つまり物事の良し悪しについて評価ができるのです。

一定の基準を土台に次のアクションを評価することができれば、「何をするべきか」「何をしない方がいいのか」といった行動の優先順位が明確になります。このように論理的思考力が高くなると、思考プロセスの再現性が高まります。言い換えると、あなた以外の人も、あなたがどのような手順でどのように考えたのかを理解できるようになります。論理的な説明ができることは、あなたが思いつきで適当なことを推奨しているのではなく、一定の根拠とプロセスに基づいて考え提案していることのサインになります。

既に紹介した発想力の高さによって様々なアイデアや可能性が生まれるとすれば、ここで紹介する論理的思考力によって、どのアイデアがもっとも効果的なのかを分析し特定することが可能となります。

3 人を集めて動かせる共感力

発想力と論理的思考力に加えて、実際にビジネスの場面で成果を出すにはもう一つの能力が必要です。それが、地頭力を構成する3つ目の要素、コミュニケーション能力です。

一つ前に紹介した論理的思考力を高めることにより、伝える力や説得力を高めることは可能です。しかし、それだけでは十分ではありません。なぜなら、あなたの理屈が正しく聞こえたとしても、言っている内容を周囲の人が応援してくれるかどうかは別の話だからです。どんなに素晴らしいアイデアや提案だとあなたが思っていても、社内の人やお客さんに「いいと思うけど私は特に協力したくない」と言われてしまえば意味がありません。あなたのアイデアや考えを、周囲の人の日常的な行動として取り入れてもらうために、適切にコミュニケーションをする必要があります。

一般的にコミュニケーション力といえば「説得力」など、こちらが相手に届ける力について焦点があたることが多いのですが、実際に有効なのはその逆です。つまり、コミュニケーションしている相手がどんなことを感じ考えているかについて理解する「共感力」が重要です。

共感力の高いコミュニケーションを行なうことで、無理なく自然にあなたのアイデアや考えを周囲の人が受け入れ支援してくれるようになります。

SECTION 2

3つの力を同時に身につけるスタンフォード式超ノート術

加速度的に地頭が良くなる本書の3段構成

本書は、あなたの地頭力を向上する上で役に立つ「ノート術」を、次のような構成で紹介しています。

大きく基礎編・応用編・発展編の3つに分かれています。

まず基礎編では、前述した地頭力の土台となる3つの力「発想力」「論理的思考力」「共感力」を取り上げています。各章の最初には私がスタンフォードのクラスや講師から学んだ、何をすれば地頭力が高まるのかについて紹介した「ワーク」が書かれています。その上で、効果を高めるための「コツ」について触れます。そして、なぜそのツールやコツが有効なのかを示す研究や、地頭力が高い人の「考え方」について紹介しています。

応用編では、チームの中でリーダーシップを発揮する上で欠かせないコラボレーション・スキルとして、チーム全体で成果を出すための方法を書いています。

最後の発展編では、本書で紹介したツールに限らず、日々の仕事でパフォーマンスを劇的に高めるための思考法や集中法について紹介しています。

本書を読むことで以下の3つのスキルが身につきます。

- ベーシック・スキル：仕事のスピードとクオリティが両方高まる基礎的な方法を学ぶ
- コラボレーション・スキル：チームをリードしながら高いパフォーマンスを出す方法を学ぶ
- ブースト・スキル：ハイレベルな仕事を日々こなしている人がやっているシンプルな習慣を学ぶ

Fig. 2　本書の構成

基礎編　ベーシック・スキル

第1章	第2章	第3章
発想力が高まる	論理力が高まる	共感力が高まる

1 ワーク　What　何をすればいいか

2 コツ　How　どうやると効果的か

3 考え方　Why　なぜ効果があるのか

応用編　コラボレーション・スキル

第4章　チーム全体のパフォーマンスを高める
リーダーシップを発揮できるようになる

発展編　ブースト・スキル

第5章　さらに成果を出す思考法・集中法
地頭力が高い人が自然にやっていること

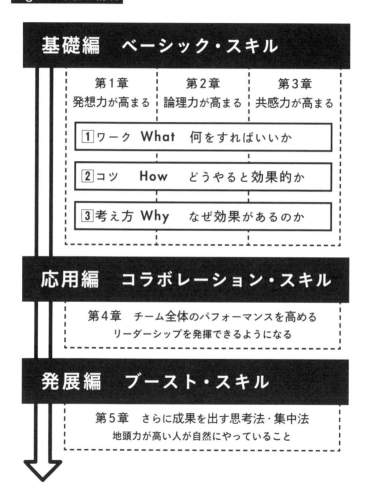

日本人は学校で教わる「直線的ノート」しか知らない

「ノートをとる」という行為は、ややもすると退屈な行為に思えます。「大事だとは思うけど、面倒くさい」という声もあるでしょう。もしかしたら、これは学生時代の退屈な勉強ノートの経験がそうさせているのかもしれません。

一般的に学校で使うノートのとり方は、先生がまとめた内容を書き写したり、誰かが整理した情報を書き写すことが多いでしょう。

これを本書では「直線的ノート」と表現します。

このノート形式は、もっとも一般的にイメージされるノートのとり方です。学校であれば先生が黒板に書いた内容をそのまま上から順番に書き写すようなイメージですね。基本的に、1行ごとに文字を書き出していくときに赤や青、もしくは蛍光ペンなどを使いながら重要なポイントについてマーキングをしていきます。

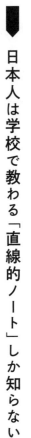

このようなスタイルは、他人から提示された情報を、直線的に上から順番にノートに書く方法です。いわゆる「勉強ノート」といえます。

しかし、このような直線的に情報や知識を順に記録するノートのとり方は、本書で紹介するその他のノートのとり方と比べ、何かを記憶したり理解する上では効果が低いという研究結果もあります。なぜ、効果が低いにもかかわらず私たちの多くはこのようなノートのとり方をするのでしょうか？

それは、他人から伝えられた情報を、そのまま順番に書き写す方法しか知らないからです。例えば、歴史の授業では先生は生徒に対してわかりやすいように時系列順に1、2、3、4、5と出来事を伝えます。これがもし、4、2、1、5、3とランダムに伝えられたのであれば、聞く方は混乱してしまいます。

つまり、「先生は生徒が混乱しないように直線的に伝えている」だけであって、必ずしも「その話を聞いている側が、情報を直線的に書く」必要はまったくないのです。

しかし、学校でノートのとり方について体系的に学んだり、ノートのとり方によって記憶の定着率が異なる研究結果を知る機会はほとんどありません。その結果、実はもっと色々なノートのとり方があるにもかかわらず、それらの優れたノート術を誰でも使えることに気づかないのです。

もちろん、直線的なノートのとり方が絶対ダメだというわけではありません。学生時代の勉強ノート法は、「既にまとまった情報」を「一字一句記録したいケース」であれば問題ありません。しかし、これはビジネス会議の現場で、参加者の発言が一字一句もれなく記録された議事録と同じです。事実の記録は大事ですが「どの情報が重要なのか」「なぜ重要なのか」「どのように次のアクションをすればいいのか」について、何も教えてくれません。

せっかくノートをとるのであれば、後で役に立つ内容にしたいですし、ノートをとっている最中に楽しいと思える方がストレスもなくなります。そして理想をいえば、楽しみながら後で役に立つ内容をノートに書く中で、気がつけば地頭力が昨日よりも高まっている状態を目指したいものです。

SECTION 3

ノート術の常識を覆す「3種のノート」

本書で紹介するのは、これら3つの要素をすべて押さえたノート術です。なぜ、楽しく・役に立ち・地頭が良くなるかというと、本書のノート術は学校の授業ノートとは違い、インプットのためではなく「アウトプット」に焦点を合わせているからです。

面白いと思えない人の話をとりあえず受動的に書くのは退屈な作業です。でも、自分がいま感じていることや考えていること、将来叶えたい夢や目標を能動的に書き出すのは楽しいワークになります。

このノート術のベースとなっているのはスタンフォードで学んだフレームワークです。ここで紹介するツールの中には、一人で使うものやチームで使うものなど、色々なものが含まれています。いますぐ使えるものがなかったとしても、今後仕事で創造性を高めたいときのヒントとなるフレームワークばかりです。

これまで国内の様々な人たちにこれらのフレームワークを紹介してきましたが、すべてとはいわなくても多くのフレームワークが業界や職種に関係なく普遍的に有効であるとのフィードバックや、実際に社内で使うことで仕事のスピードが文字通り今までの2倍から3倍速くなったという声ももらっています。

本書ではノートの使い方として、大きく分けて3つ紹介します。

1 発想力を高める「アイデア・ノート」
2 論理的思考力を高める「ロジカル・ノート」
3 共感力を高める「プレゼン・ノート」

発想力を高めるアイデア・ノート

一つ目の方法が、重要と思われるキーワードを書き、視覚的につなげていくノートのとり方です。体系立っていない、書きなぐられたようなものや、ちょっとしたメモを含む発想力重視の内容を書いていきます。ビジネスの企画段階などに使われることになるでしょう。

このノートは、直線ノートよりも気軽に書き始めることができます。なぜなら、自分が

Fig. 3 視覚的なアイデア・ノート

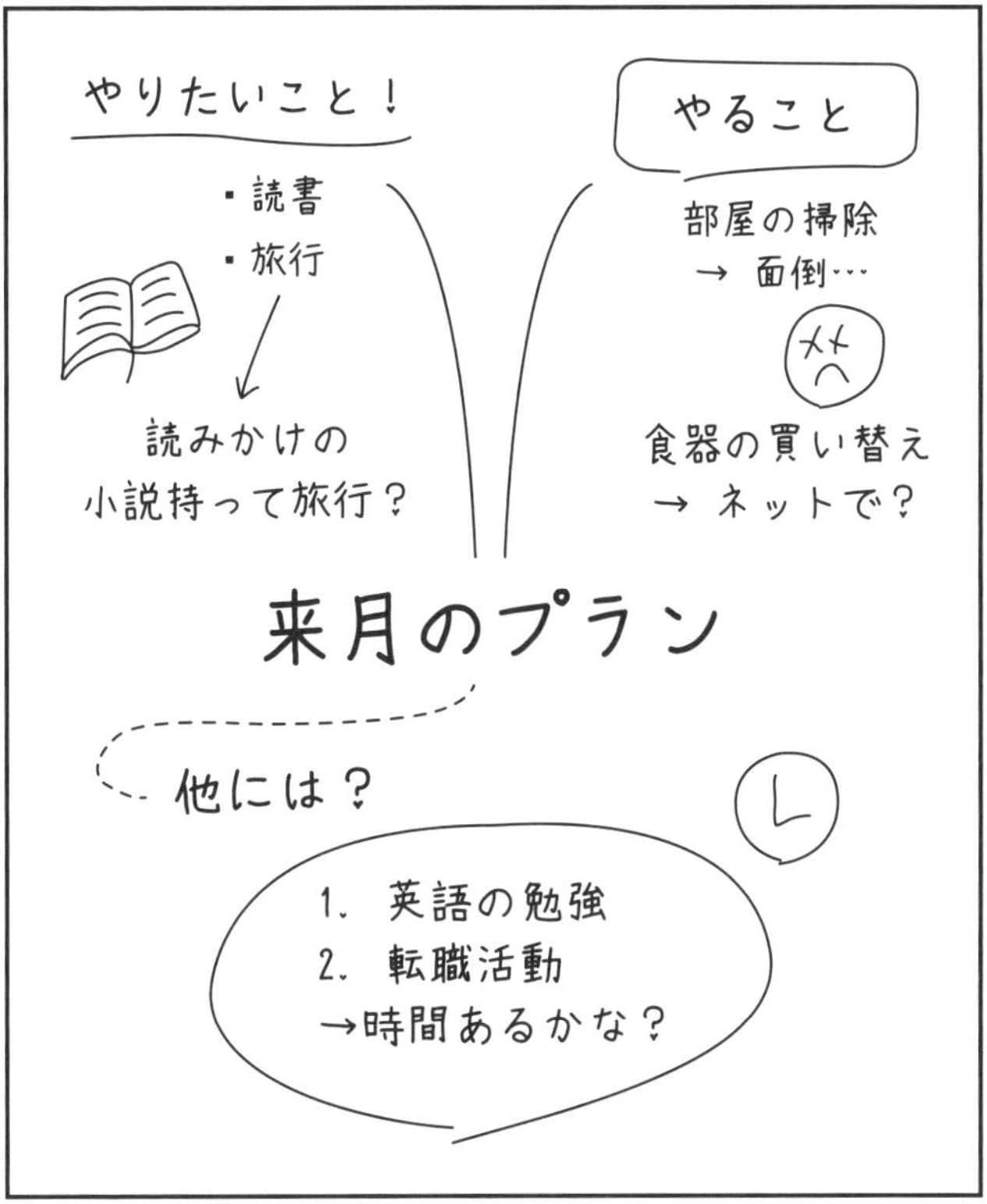

この例では、来月のプランについて思いつくままに書き出しています。手を動かしながら考えましょう。言葉を線でつなげたり、丸で囲みながら頭の中の考えを視覚化します。思考が刺激されるので簡単な絵を書くのもおすすめです。

重要だと思ったポイントに絞ってノートにキーワードを単発でどんどんつないでいけばいいからです。直線的ノートよりも視覚的に書くことが可能なので、思いつきのアイデアを膨らませていくときなどにかなり便利な書き方となります。また、直線的ノートとは違って書く順番を最初に決める必要はなく、後で情報を付け加えたり関連付けることがかなり容易です。

このノートのとり方は、アイデア発想のときもそうですし、本を読みながら大事なポイントを自分でメモするときにも有効です。例えば、本の100ページに書いてあったことと、160ページに書いてあったことがすごく関連していて、自分の体験も思い出した、といった場合です。直線的ノートであれば、関連付けるのが難しくなりますが、この方法であれば線を引っ張ってつなげるだけで大丈夫です。

また、上手にキレイに書けなくてもさほど問題がないのも魅力的です。色を付けたり絵を描いたりすることでより印象に残るノートをつくることができます。

論理的思考力を高めるロジカル・ノート

次がロジカル・ノートです。既にあるアイデアを、およそ70%ぐらいの精度で分類して、

Fig. 4　分析的なロジカル・ノート

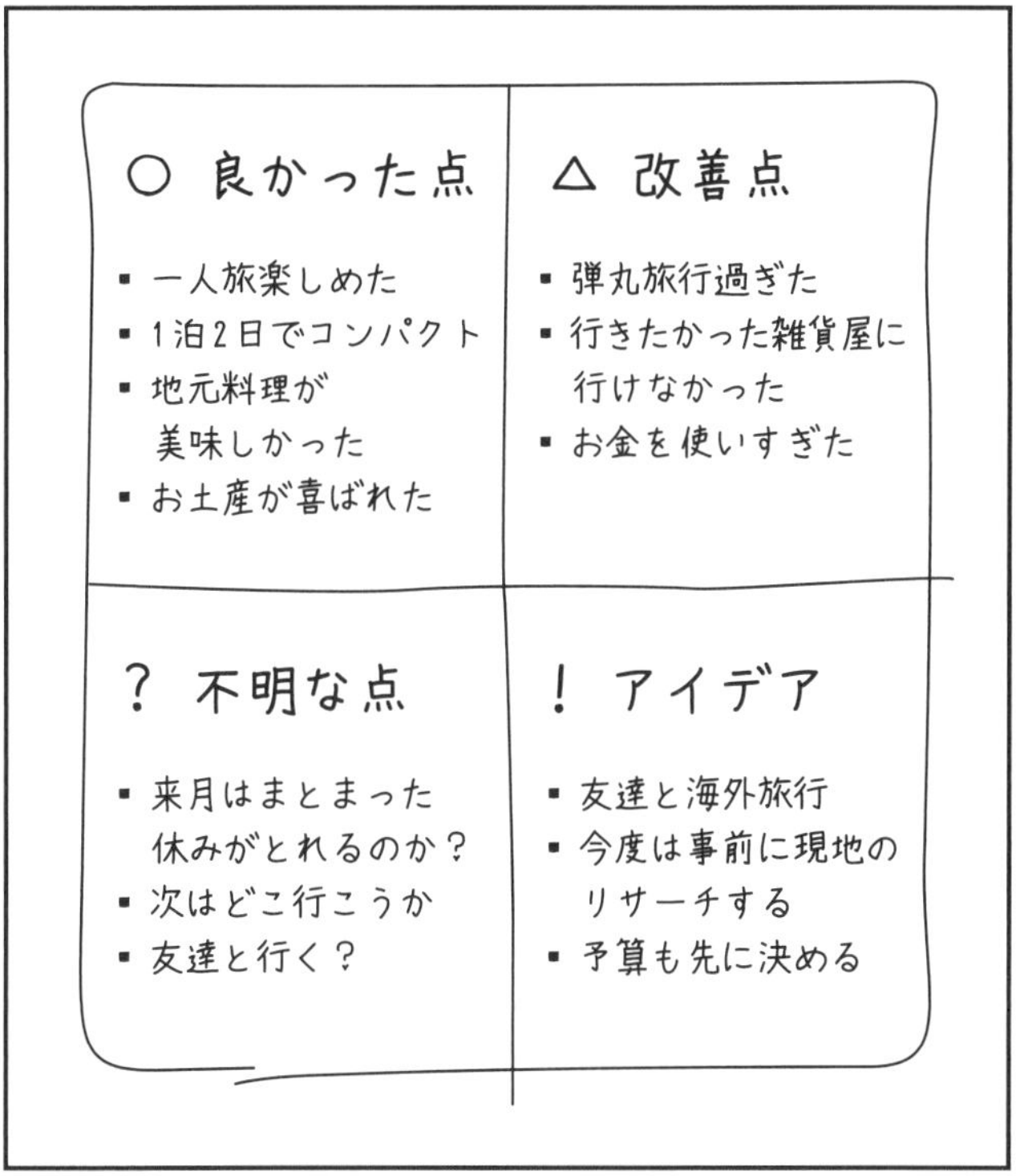

○ 良かった点	△ 改善点
・一人旅楽しめた ・1泊2日でコンパクト ・地元料理が 　美味しかった ・お土産が喜ばれた	・弾丸旅行過ぎた ・行きたかった雑貨屋に 　行けなかった ・お金を使いすぎた
？ 不明な点	！ アイデア
・来月はまとまった 　休みがとれるのか？ ・次はどこ行こうか ・友達と行く？	・友達と海外旅行 ・今度は事前に現地の 　リサーチする ・予算も先に決める

この例では、連休を利用して国内旅行へ行ったケースを扱っています。事前に整理されたトピックについてそれぞれ気持ちや考えを記入していきます。情報を整理していく中で、自分にとって大事なことや、次に挑戦したいことが明確になっていきます。

おおまかな優先順位をつけていくような論理的思考力重視の内容を書いていきます。アイデア・ノートを通じたブレインストーミングの後や、既に情報がある程度整理されていたり優先順位がついているような授業の講義・会議の結果をメモするような場合に使われます。

ロジカル・ノートを使う最初の一歩は、あらかじめ設定されたフレームワークを活用しながらアイデアや考えを整理することです。

そして、整理した結果をながめながら「どの内容がとくに大事なのか」「どの部分は特に重要でないのか」と取捨選択をします。

その上で、最終的に選ばれたアイデアや考えを土台にしながら、次の具体的な行動を決めます。

このように、ロジカル・ノートを使うことで「整理」→「評価」→「行動」という一連の流れを効率よくすすめることができます。

共感力を高めるプレゼン・ノート

最後がプレゼン・ノートです。アイデア・ノートやロジカル・ノートを通じて形になっ

Fig. 5　印象的なプレゼン・ノート

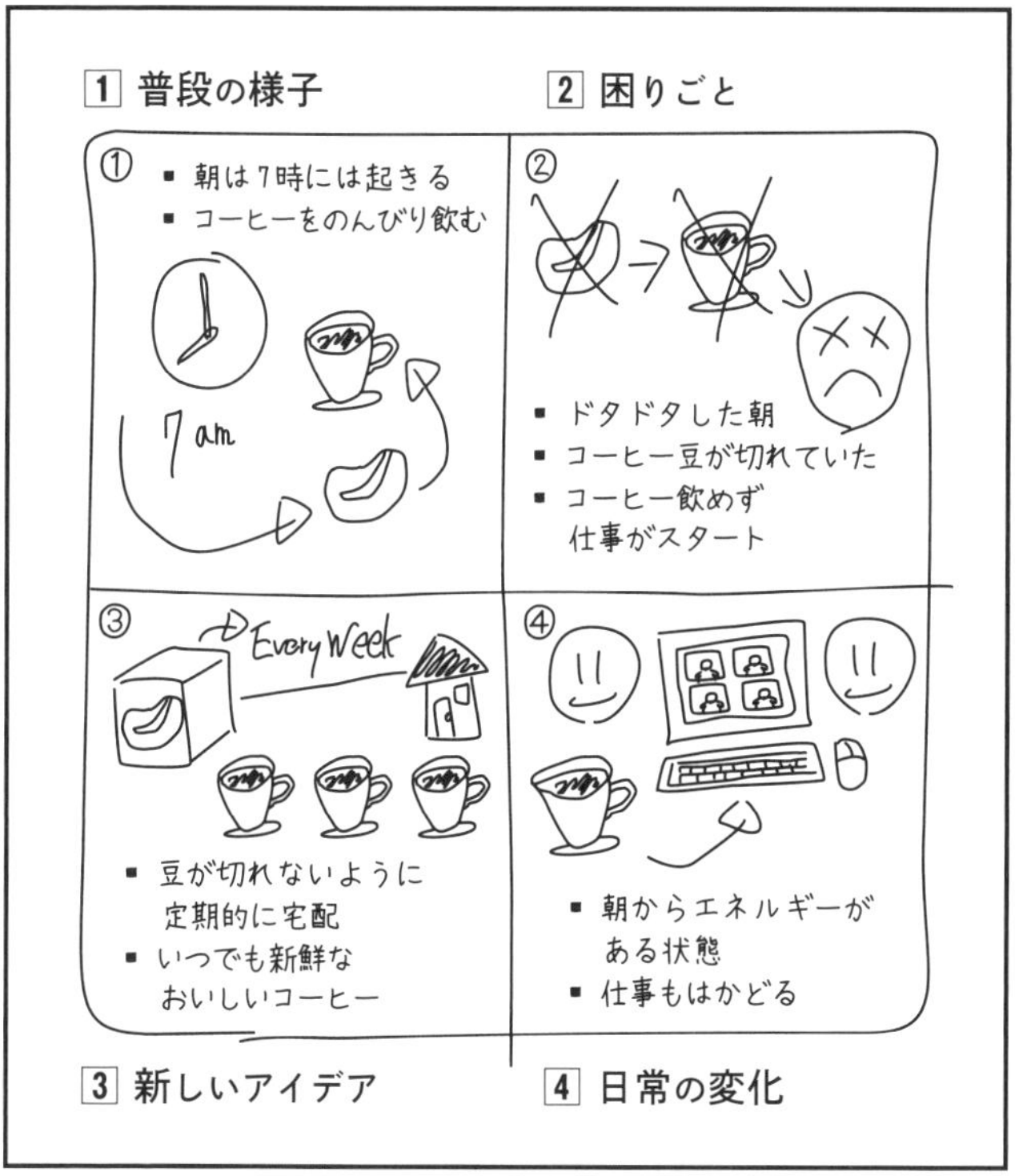

この例では、毎日コーヒーを飲む人に対して、毎週とれたてのコーヒー豆が届くサービスを説明しています。まず、プレゼンを聞く人の日常や困りごとなどを視覚的に提示します。そのうえで、どんなアイデアがあるのか、そのアイデアで日常がどう変わるのかを描きましょう。

たアイデアや考えを、他者視点に立って整理し、相手の記憶に残り、共感されるストーリーを書いていきます。

このノート術は、あなたのアイデアを周囲の人に効果的に伝えたい時に有効です。なぜなら、ストーリー形式で話をすることで、聞き手の感情に訴えるコミュニケーションが可能となり、あなたの話が相手の記憶に残るからです。

プレゼン・ノートでは、人間の感情に訴えかける普遍的なフレームワークが土台になっているため、あらゆる場面で応用が可能となっています。

話を自分から相手に伝えるためにも使えますが、その逆、例えば社内外で優れたプレゼンテーターの話を聞いたときに、その内容をプレゼン・ノートの形式でメモすることによって、それを少し眺めるだけで当時の記憶が蘇るようにもできます。

SECTION 4

ノートを使い分けると脳の思考モードが切り替わる

このように様々なノートのとり方があり、それぞれのノート作成方法は状況に応じて素晴らしい効果を発揮します。しかし、「このフォーマットさえマスターすれば大丈夫」という方法は存在しません。重要なのはフォーマットを一つに固定してノートを書くことではなく、求められる成果に応じてノートの書き方を柔軟に変えていくことです。

例えば、ディズニーをつくったウォルト・ディズニーは、映画を制作するときには「3つの部屋」を使い分けていました。

最初の部屋がアイデアを発散させるための部屋です。ここでは批判的な態度を一旦保留しておきながら、どんどん荒削りに思いつきのアイデアを出していきます。

真ん中の部屋では、前の部屋で出てきたアイデアの実現性を考え整理します。ディズニーの場合、「これは本当に実現できるアイデアなのか？」「どうすれば実現できるのか？」と問いかけます。

最後の部屋では、真ん中の部屋で整理されたアイデアの中から、ビジネスとして成り立つものはどれかを批判的に検証します。
　彼が実践していた「異なる思考モードに対して、異なる部屋を割り当てる」という発想はとても重要です。そしてディズニーのように3つの部屋を用意せずとも、ノート上でならそれを簡単に実現できます。具体的には、1ページ目にアイデア・ノートで発想、2ページ目にロジカル・ノートで整理、3ページ目にプレゼン・ノートでストーリーテリング、という具合です。このように空間を分け、発想の段階や整理の段階を同時にやらないようにするのが非常に重要なポイントです。

Fig. 6　ノート術の3段階

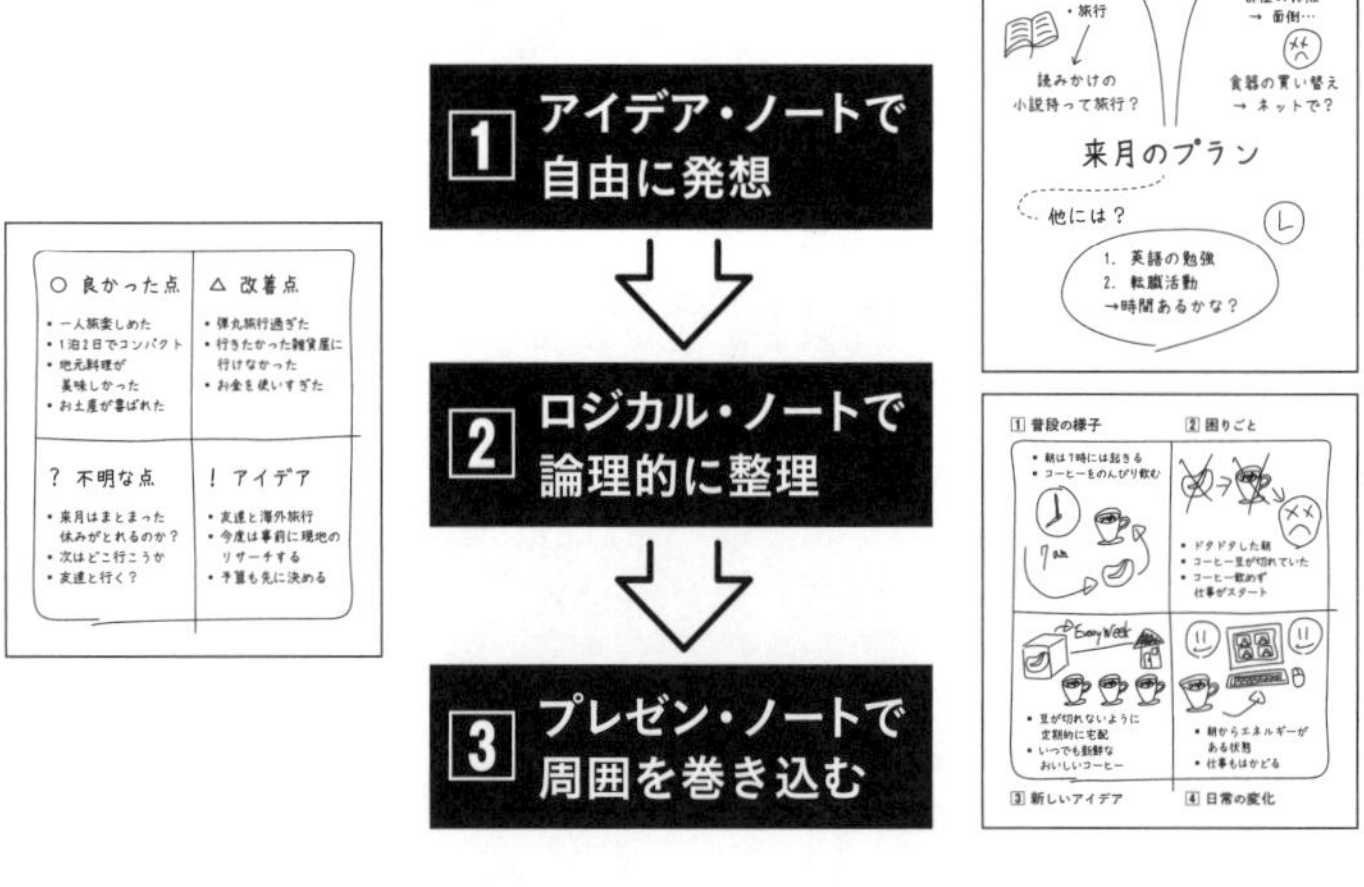

SECTION 5

超速のアウトプットを可能にするツールとその使い方

これまでの仕事の経験や業種の違いなど関係なく誰でもスキルアップができるよう、本書では「付箋」「ノート」「ボード」という、ビジネスシーンで普遍的なツールに絞ってその効果的な使い方を紹介しています。本書の知識を実践する上で、特別な用意や準備は一切必要ありません。

特にこの項目では、様々なノート術で共通する、基本的な使い方のコツをお伝えします。

付箋

▼基本的な使い方

ここでいう付箋とは、裏にノリがついていて何度も貼ったり剥がしたりしながら使うことができるノートよりも小さな紙の束を指しています。

ノートはそれだけで1冊の本のようなものです。あれこれ書いたノートを捨てようと思うと、人によってはある程度の思い切りが必要かもしれません。仮にいま読み返して大したことが書いていなくても、そのノート自体に思い入れがあれば、いらないからといってすぐ機械的に捨てるのは難しくなります。もちろん、ノートの機能の一つに「保存する」というものが含まれるため、これはある程度しかたないのかもしれません。

一方、付箋であれば、そもそも「保存」することが主要な目的になっていないツールであるため、ノートよりさらに気軽に使うことができます。

Fig. 7　ノート術3種の神器

	名称	用途	組み合わせ	状況
	付箋	気軽な 取捨選択	ノートと併用 ボードと併用	個人で チームで
	ノート	1) 発散 2) 収束 3) 伝える	付箋と併用	個人で
	ボード	1) 発散 2) 収束 3) 伝える	付箋と併用	チームで

肝心の書き方ですが、いくつかポイントがあります。

まず、1枚の付箋に1つのトピックを書きます。これは、後でアイデアを入れ替えたり、不要だと思ったものをすぐに捨てることができるからです。1枚の付箋に何個も違うアイデアが書いてあると、移動したり整理することがうまくできません。すぐに貼って剥がせることが付箋の強みなので、その強みを最大限にいかせるように1枚の付箋に1つのアイデアやトピックを書いていきましょう。

文字を書く場合は、1枚に15文字程度におさまるようにします。なぜなら、あまり長く書きすぎると字が小さくなってしまい、内容を理解するのに時間がかかるからです。緻密な作業は後でやればいいので、まずは簡潔にシンプルに書くことを目指します。

また、文字だけでなく、イラストなどを簡単に描くことによって、文字だけを書くときに比べて、より脳が活性化します。その結果、新しいアイデアを生み出しやすくなったり、書いたアイデアを思い出しやすくなったりします。

以上が、付箋の基本的な使い方でした。ここから、具体的に仕事で成果を出すために有効な、ノートとあわせて使いやすい付箋の種類やその使い方について紹介します。

▼3Mの「強粘着」ポスト・イット®を買おう

3Mのポスト・イットは、スタンフォードd.schoolのクラスでも最も多用した文房具の一つです。使用していたのは特別なものでなく、文房具売り場に行けば必ず見かけるものです。

ポスト・イットは、サイズや色など様々な種類が扱われています。クリエイティブワークにおすすめしたいのはとくに「強粘着」の商品です。

付箋は貼ったり剥がしたりと繰り返して使えることに特徴があります。しかし、安物でのりが弱かったりすると、1、2回貼って剥がすだけで、もう貼れなくなります。そうすると新しい付箋にまた同じ内容を書き直す羽目になったり、あるいは付箋を剥がして移動させることに躊躇してしまったりと、不必要なことに気を取られてしまいます。

強粘着のポスト・イットであれば、通常のラインナップのポスト・イットに比べて約2倍の粘着力（※3M従来品比）となっているため、集中力が途切れることなくアイデアの共有や整理ができます。

▼個人で使うなら「50㎜×50㎜」と「75㎜×75㎜」の2サイズを常備

ノートに貼り付ける場合の付箋は、50㎜×50㎜サイズがおすすめです。一般的なノートの場合は大きさがA4かB5だと思います。このサイズと相性がいいのが50㎜×50㎜の付箋です。使い方としては、何かアイデアを考えたいときやアイデアを整理したいとき、ノートには整理された結果だけを書きたいような場合です。

職場のデスクには、3色の75㎜×75㎜サイズ付箋を常に用意しておきましょう。ちょっとしたことをメモするために、わざわざパソコンのソフトを立ち上げることもできますが、スピードを考えれば付箋で十分です。

▼ホワイトボードに貼るなら「75㎜×75㎜」と「75㎜×127㎜」

ホワイトボードと一緒に付箋を使う場合は、75㎜×75㎜と75㎜×127㎜を用意しましょう。一つ目の理由は、文字の大きさ確保です。小さい付箋は書いた内容が見づらくなりますが、これら2つのサイズは集団で議論をする際に視覚的にちょうどよい大きさです。

二つ目の理由は、持ちやすさを確保するためです。これらのサイズは、ある程度の情報を記載しつつ、片手で持てるサイズです。具体的には、片手にポスト・イットを持ちつつ、もう片方の手にはペンを持ちながらホワイトボードの前に立って使うことができます。このような動作が可能となることで、思いつきレベルのアイデアをどんどんホワイトボードに貼り付けることが可能です。

また、座ったままよりも立って部屋中を移動しながらの方が、多くのアイデアが出るというスタンフォードの研究結果があります。散歩しながら会議するといい、といわれているのと同じですね。座りっぱなしで会議を続けるよりは、立ってアイデアを書き出すことがおすすめです。ちなみに、出てきたアイデアを分析・検討する場合には座って行なう方がいいので、状況に応じて立ったり座ったりしましょう。

▼色はそれぞれ3色ずつ用意する

3Mのシリーズは、何色もカラフルなものが用意されています。例えば、ライム、ウルトライエロー、エレクトリックブルー、ローズ、オレンジ、パープルなどです。余裕があれば、色を3つ用意します。

それぞれの色を使うときのマイ・ルールを決めるのもおすすめです。

例えば、私の場合は考え事をするときに「過去」「現在」「未来」の視点で整理をすることが多いので、それぞれブルー、ライム、イエローというように色を割り振っています。

旅行の計画を立てる場合なら、ブルーは「(過去に)行ったことのある場所」、ライムは「(現在も)特に記憶に残っている印象的な場所」、イエローは「(未来に)行ってみたい場所」などです。

仕事の企画で使うなら、ブルーは「(過去に)流行った商品」、ライムは「(現在)ヒット中の商品」、イエローは「(これから)流行ると思われる商品」といった具合です。

3色でなく4色でもかまいません。ポイントは、カラフルにすることで視覚的な刺激を得やすくなり、かつ一定のフレームワークにしたがって常にアイデアを整理できることにあります。

ホワイトボードに貼るなどしてチームでポスト・イットを使う際も、色が分かれていることでメリットがあります。意見のタイプや、発言者ごとに色を分けることで、整理する際の効率性を高めることが可能です。

ちなみにポスト・イットには罫線がついているタイプもありますが、アイデアを自由に発散させるためにも、何も書かれていないものがおすすめです。というのも、付箋に書くのは何も文字だけではないからです。付箋にスケッチや図形などをあわせて書くことでよりアイデアを広げることができます。

ペン

▼基本的な使い方

ペンは人によって好みがあると思いますが、一般的なノートだけでなく、付箋や模造紙にも書き込むことを考えると、ボールペンでなくサインペンがおすすめです。いくつかのメーカーが様々なサイズのものを出していますが、おすすめは水性マーカーです。なぜなら、色移りせず、無臭で、経済的だからです。

水性マーカーであれば書き終わった後に手があたったからといって、書いた文字が汚れることはありません。裏写りもしないので、付箋や模造紙に書く際には「大丈夫かな」と心配する必要がないのです。仮に裏写りしてしまったとしても、水性なので濡らしたタオルなどで簡単に拭き取ることができます。油性マーカーの場合、机やノートにあやまってついたときに取れなくなるのが後々面倒です。

また、油性のペンの場合は臭いが気になるケースもあります。無臭の水性マーカーであれば、そのようなことはありません。

最後にコストについてですが、高級な万年筆やボールペンでは、壊れたときに買い換えるのにお金もかかるし、インクを補充するのも手間、金額もそれなりにかかってしまいます。一方、リーズナブルな金額で買えるペンであれば、万が一机の上から落としてしまったりしても、壊れず長く使うことができます。消耗品として考える方が適切です。

▼「プロッキー」の水性マーカーを買おう

おすすめは、プロッキーです。ポスト・イットに対して書きやすいです。特にプロッキーのPM-120T型か、PM-150TR型（太めのもの）です。150TR型は、ある程度太さがありながら文字がそこまで大きくなりすぎないので、チームでアイデアを共有する際にはおすすめです。手にもフィットしやすいですし、ペン先も頑丈です。文房具店などで実際のサイズを確認しながら、自分の手になじみやすいものを選んでみてください。滑らかにペンを使って、サラサラとアイデアを出していきましょう。

ノート

▼基本的な使い方

ここで具体的に意識するとよい原則を４つ紹介します。

①ペンの色は黒一色

ペンの色は基本的に黒一色でかまいません。テンポよくアイデアを出している時にペンの色を変えると、せっかくのスピード感が消えてしまいます。カラフルさよりもシンプルさを重視しましょう。

②作り込みよりスピードを優先

「発散する」過程において間違いは一切ありません。なぜなら、情報量が増えていれば発散がうまくいっているため、書いている中身が何なのかということは気にしなくていいからです。消しゴムは一切不要です。１回書いたものより少し違うアイデアが思い浮かんだら、同じページや次のページにもう一度書けばいいだけです。

また、書いているときに漢字を間違ったりなどして、一旦消して書きたいと思うかもしれませんが、重要なのはスピードですので消しゴムは不要です。間違ったら線を上から2本引いて間違いだとわかるようにしたり、違う場所にもう一度書きたかったことを書くなどしていきましょう。繰り返しますが正確性は特に重要ではなく、自分が思ったことを思ったまま文字や図で表現できているかどうかの方がここでは大事です。間違ったら次のページにもう一度書くぐらいの軽い気持ちでどんどん書いていってみてください。

③キレイな字や罫線はいらない

罫線や方眼紙も便利ではありますが、最初の段階では気にしないで無視してもOKです。書きたいことをいかに思いついたままに書けるかが重要です。1ページまるまる使うつもりで書き、足りなくなったらどんどん次のページへ行きましょう。きれいに隙間なく書けているかどうかよりもノートにたくさんの情報が書けているかどうかが重要です。

④スケッチを多用する

文字だけでなく顔文字や図を使って「2D」に視覚に訴えるようなスケッチも描きま

しょう。そうすることで、自分や相手の記憶に残ったり、よりアイデアを立体的に表現できるからです。

顔文字であれば、たとえ雑であっても、顔の表情があるだけで、どのような状況なのかをシンプルかつ素早く表現することができます。

▼あえてノートの形・ブランドにはこだわらない

意外に思われるかもしれませんが、ノートに関しては強く特別におすすめしたい商品はありません。

ノートサイズはなんでもOK、持ち運び易さやその人の好みなどに合うもので良いでしょう。好きなサイズでどんどん書きます。

Fig. 8　スケッチは下手でも簡単な表情がわかればいい

口元を変えるだけで、その時の気分を簡単に表現できます。例えば、左から順に、ポジティブな時、ややネガティブな時、ネガティブな時、驚いている時といった具合です。

もちろん、印刷物をよく参照する人なら、印刷物をきれいに挟み込めるA4／A3サイズは便利です。参考までに私の場合は、A4サイズの印刷物を挟みやすくするために基本的にA4ノートを使っています。

ホワイトボード・模造紙・イーゼルパッド

▼基本的な使い方

ホワイトボードと模造紙ですが、それぞれ場面に応じて使うと効果をより発揮することができます。ホワイトボードはすぐ消したり書き換えたりすることが可能ですので、主にアイデアを発散していく場面で重宝します。

一方の模造紙は、書いた内容をすぐ消すのは難しいのですが、丸めて保存ができるので、何日も続けて同じことを考える場合に便利です。例えば、昨日と違う部屋で会議をすることになっても、昨日の模造紙を持ち運ぶだけですぐに続きの会議をスタートできます。

▼3Mの「イーゼルパッド」は次世代の模造紙

一番のおすすめは、ホワイトボードに模造紙を貼るという方法です。

そしてテープなどを使わずにホワイトボードにそのまま貼れる模造紙として便利なのが、これも3Mのイーゼルパッドという商品です。

ポスト・イットのようにのりがついている模造紙で、やはりポスト・イットと同じように貼ったり剥がせたりと自由度があります。

これは日本ではあまり見かけない商品ですが、ぜひインターネットや文房具屋さんで探してみてください。イーゼルパッドは見慣れないツールに思うかもしれませんが、チームでの会議をかなり効率的にしてくれます。

いくつか種類のあるイーゼルパッドの中でも、特におすすめなのが「563R」という型番の商品で、簡単に組み立ててテーブルの上にも乗せることができる卓上タイプのものです。

イーゼルパッドの最も基本的かつ効果的な使い方が、会議のアジェンダを記載することです。会議が始まる前に用意し、参加者全員の目に届く場所に貼っておくと、会議のクオリティを維持する上でとても役に立ちます。具体的には以下の要素をイーゼルパッド用紙

1枚に大きく書いておきましょう。

1 会議の目的
2 時間
3 参加者
4 具体的なトピック

なお、会社の会議室など、壁にある程度スペースがある場合には、「ホワイトボードフィルム（型番：DEF）」を貼りつける方法もおすすめです。

ホワイトボードを置くスペースがないような場所でも利用できるので便利です。壁をホワイトボードにしてしまうことで、「チームで使える大きなノート」を手にすることができます。

SECTION 6

右脳と左脳の性質を知る

人間の基礎的な思考力2つ：創造的思考力と論理的思考力

この章の最後に、本書のコンセプトを考えるためのベースとして活用した科学的な知識についても触れておきましょう。本書のノート術は理屈抜きに役立つ実践的なテクニックとして紹介することに努めましたが、それと一緒に、人間の脳のメカニズムを理解しておくことで、より効果を強く発揮させることができると思います。興味のある方はぜひこの項目を読んでみてください。

私は本書を執筆するにあたって、基礎的な知的能力である地頭力を、私たちの誰もが持っている2つの思考力である「創造的思考力」と「論理的思考力」に分けることから始めました。

Fig. 9 創造的思考力と論理的思考力の違い

創造的思考力	論理的思考力
右脳的	左脳的
たくさんの アイデアがひらめく	アイデアを評価し 一つに絞り込む
可能性を広げる	現実的なものを選ぶ
直感的	論理的
発散	収束
素早く、時に無意識	意識的に熟考する
主観的	客観的
本能的： 子どもの頃から備わっている	後天的： 後から身につける
視覚情報と相性がいい	言語情報と相性がいい
効果的	効率的
低い再現性・高い新規性	低い新規性・高い再現性
アートやデザイン、哲学	物理学や工学、プログラミング
全体像をつかむ	詳細を詰める
まとめる	分ける

このように2つに分ける考え方は心理学の世界では「デュアル・プロセス・セオリー」と呼ばれており、ノーベル賞を受賞したダニエル・カーネマンが2011年に書いたベストセラー本もこの考え方が土台になっています。

「創造的思考力」と「論理的思考力」は、一般的な表現でいえばそれぞれ「右脳」「左脳」に対応します。

右脳・左脳という考え方はある研究者がそれぞれの異なる機能に注目してから、一般的にも利用されるようになりました。多くのイメージは、右脳はクリエイティブ、左脳はロジカルというものです。そして、右脳型、左脳型といった形での表現があります。

多くの人が知っているように、脳は右と左に分かれており、例えば嬉しいときは右脳が反応し、嫌な気分のときには左脳が反応するなど、状況や対象によって活性化の度合いに差があることがわかっています。

右脳と左脳の働きの3つの違い

実際は、右脳と左脳が協力し合いながら働いているのですが、左右を比較したときに、ある程度違いがあることもわかっています。

▼1 右脳は全体像の把握、左脳は部分の把握

右脳は、何が起こっているのかなどの文脈を把握することに優れています。一方で、左脳はその文脈で具体的にどのようなことが起こっているのかを理解することが得意です。例えば、喧嘩をしている二人がいたときに、右脳は「なぜ二人が喧嘩することになったのか」といったことに注意を払います。一方の左脳は、「喧嘩の最中に相手が言っていることがどれくらい正しいのか」と細部に注意を払います。

▼2 左脳は直線的、右脳は同時並行

左脳は時間軸と同じように過去から未来に向かって一直線に考えます。主に、口頭でコミュニケーションをしているときのように戻ることができない状況です。一方、右脳は同時並行で2つ以上のことを行なったり、時間軸を行ったり来たりしながら考えることが得意です。

▼3 左脳は言語的、右脳は視覚的

左脳には、ウェルニッケ野とブローカー野という脳の領域があります。これらの領域は

言葉を発するときと言葉を聞くときに活性化しています。主に言語を処理するのが左脳です。一方、右脳はビジュアルで物事を把握することに優れています。絵を見て視覚的に物事を理解することが得意です。

右脳に向いているタスク、左脳に向いているタスク

▼右脳型タスク：共感、統合、直感

右脳型タスクとは、相手の気持ちに共感したり、全体的に物事を見比べ考えることで重要な共通点を見つけたり統合することなどです。また、詳細を検討したわけではないけれど、全体像を感覚的に把握する、というように直感を働かせるタスクです。

▼左脳型タスク：検証、分析、論理

一方、左脳型タスクとは、既に起こったことや目の前にある物事を分類したり分析したりすることです。批判的な視点で物事の良い点と悪い点を検証するような場合や、感覚や感情よりもロジック・事実に基づいて何かを判断するタスクです。

右脳と左脳はそれぞれに特徴があるが、それがすべてではない

脳全体を活性化させるためにも、本書ではわかりやすいように、創造的思考力を「右脳的」、論理的思考力を「左脳的」と表現して、イメージしやすいように説明しています。

こう言うと「私は右（左）脳型だから、その逆ができない」と考える人もいますが、1000人を対象に実験をした結果、片方の脳が優位な人はいないということがわかりました。つまり、誰でもうまく両方の脳を使うことができるのです。考えてみれば当たり前かもしれませんが、普段から私たちは両方の脳を使っています。

単に「両方できるけど、得意なのは右脳型タスク（左脳型タスク）」という形で、強いていえばそういう表現ができるというだけの話です。

左脳だけ、もしくは右脳だけで見られる特有の現象もわかっていますが、あくまで両者を比較したときに、右脳の方が左脳よりも1・1倍ほど得意、といった程度のことだと思ってください。実際には両者がうまくお互いを刺激し合いながら機能しているのが私たちの脳です。右脳だけをトレーニングしたり、左脳だけをトレーニングするような方法は科学的には確立されていません。

スタンフォード式超ノート術は、右脳か左脳かのどちらかに偏るのではなく、両方を行き来しながらバランス良く活用することがポイントです。よって、仕事の進め方もときに右脳的に、ときに左脳的にと意識的にモードを切り替えて実施することになります。右と左の脳それぞれのタスクや機能について、状況・文脈に応じて不自由なく高いパフォーマンスを出すことが重要です。

SUMMARY

☑ 地頭力とは「発想力」「論理的思考力」「共感力」の3つの能力の組み合わせ

☑ スタンフォードで行なわれるような紙とペンを使ったワークで、子どもの頃のような柔らかい発想力を取り戻す

☑ 発想したアイデアは、一度ロジカルに分析して、アイデアの問題点や優先度を整理し、アクションプランを立てる

☑ ストーリーテリングの力を使えば、相手を共感させ、説得できるようなプレゼンができる

☑ 「アイデア・ノート」「ロジカル・ノート」「プレゼン・ノート」で3つの能力を高められる

☑ 本書のノート術は、ノートの扱い方〝だけ〟に留まらない。ポスト・イットやホワイトボード、イーゼルパッドなども活用した、まったく新しい知的生産の方法である

第1章　右脳から発想があふれだして止まらなくなる「アイデア・ノート」

CHAPTER 1

IDEA NOTE FOR FLEXIBLE THINKING IN YOUR RIGHT BRAIN

Overview

この章では、右脳を開放して思考を止めることなく発散させる方法を紹介します。この方法は実は難しいものではなく、5才児であれば実は誰でもできるような方法です。

その際に重要なのは、考えない、振り返らない、後のことを気にしない、ということです。普通ビジネスで成果を出すには「考えぬく」「振り返って見直す」「後のことを予測する」のが好ましいと思われていますが、その常識から抜け出しましょう。

あなたの脳のポテンシャルを発揮するための最初の一歩は、考えることではなく、カオスな状態を意図的につくることです。

SECTION 1

発想力を劇的に高める4つのノート術

基本ワーク：地頭力を高める「クイック1分ワーク」

本書で紹介する手法は、実施するとすぐに効果を体感できるものばかりですが、今まで慣れたノート術とは異なるため、人によって最初は戸惑ってしまうかもしれません。
そこで、地頭力を高めるための準備ワークとして、1分でできるエクササイズを用意しました。

普段、ノートを書く場合は「じっくり考えてから手を動かす」ことが多いと思いますが、ここでは「手を動かして、その後考える」ことがポイントです。

白紙の紙（コピー用紙、またはノート）と、ペンを用意してください。

AとB、2つのお題を用意しました。どちらか一つをやってみましょう。準備運動なの

Fig. 10 地頭力を高める「クイックク1分ワーク」

A. やりたいこと／実現したいことを書く

- お金や時間や人間関係を全く気にしないでいいなら、何ができたら嬉しいか思いつくまま書く
- 現実的かどうかは一切無視して OK
- 誰かに見せるわけではないので素の欲求を書く

B. 気になることを書き出す

- いま感じている気持ち（喜怒哀楽）について、思い浮かぶまま書く
- ポジティブ・ネガティブどちらの気持ちでも OK
- 誰かに見せるわけではないので素の感情を書く

書き方ガイド

▶フォーマットを気にせず書きなぐってもいいですし、箇条書きでも、ノートの罫線に従っても OK です。

▶形よりも、まずは思いつくまま書き出すというアクションが重要です。

で、どちらを選んでも構いません。もし、迷うようでしたら今日の気分で決めてください。「何か新しいことをしたい」と思えばAを、「今日はのんびりしたい」と感じる場合はBをやってみましょう。

もちろん、今日の調子に関係なく、やりたい方をやってもらって大丈夫ですし、両方やっても構いません。

▼A　やりたいこと／実現したいこと

お金や時間、人間関係をまったく気にしないでよいとしたら、どんなことをやってみたいか、1分間で書き出します。もしくは、アラジンの魔法のランプを使って好きなだけお願いができるとしたら何が実現すると嬉しいか書いてみてください。

思いついたことに対して「非現実的だな」「たしかにできたら嬉しいけど今は無理だよな」と感じる場合があるかもしれません。

大丈夫です。今はそういった判断をすべて脇においておきましょう。できるかどうかではなく、仮にできたら嬉しいかどうかを大事にしてください。思いつきレベルで書きます。

このワークは準備のために行なうものです。誰かに見せる必要はありません。「こんなこと書いたら笑われるかな」とか「周囲に知られたらちょっと恥ずかしいな」と思えるものであっても、気にせず書き出します。自分の欲求や気持ちに素直になって書きましょう。

▼B 気になること

いまあなたが感じている喜怒哀楽といった感情について、思い浮かんだことを、1分間で書き出します。例えば、今週は忙しくてようやく休日だと感じているのであれば「今週はよく働いたなー、いやー、ゆっくり休めて嬉しい」といった具合です。

ポジティブなものでもネガティブなものでもOKです。

ネガティブな気持ちを書くことに抵抗がある場合があるかもしれません。例えば、少し落ち込んでいたり、いつもに比べて元気がないような場合です。

そのときは素直に「今日はちょっと疲れてるかも。あんまり元気ないな」とその様子を素直に書きましょう。自分に嘘をつく必要は一切ありません。いまポジティブならその気持ちを、ネガティブならその気持ちを、どちらもあるならそのどちらも書きます。

このワークは準備のために行うものです。誰かに見せる必要はありません。「ちょっとネガティブすぎるかな」とか「まわりの人には自分の気持ちを知られたくないな」と思うようなことでも気にせず書いていきましょう。自分の気持ちを素直に書きます。

まずはこれら二つのワークについて、1分間を目安にひたすら書いていきます。繰り返しますが、考え込まずに思いついたものを書き出すことがポイントです。もし思い浮かばなければ、「急にそんなに思い浮かばないんだよな。1分間って結構長いかも」といった形で、思い浮かばないと感じていることをそのまま書いてください。このワークで重要なのは、書き出したことが正しいかどうかではなく、あなたの考えや気持ちが文字になって紙の上に書かれていることです。

もし1分経っても続けて思い浮かぶことがあれば、すっきりするまでひたすら書き続けても構いません。

内容について見直すのは、書いてからです。このエクササイズをすることによって「思いつきを書くこと」「自分の気持ちを素直に書くこと」「とりあえず手を動かすこと」を体験できればここでは大成功です。

それでは、1分間ワークで、普段なかなか鍛える機会がない発想力を重視するアクションと心構えを体験できたと思うので、より本格的に発想力を鍛えるツールとワークを紹介していきます。

実践ワーク：Google式・高速ブレインストーミング法「Crazy8s」

スピード感を保ちながら、よいアイデアを考えるための手法です。8分間で8つのアイデアを高速で書きます。

初めて取り組むと、つい完成度を高めようとしてしまいますが、うまく書けているかどうかに関係なく、1分経ったら今書いているアイデアはやめて、2つ目のアイデアを書き始めます。完璧だったり素晴らしいものを書く必要はありません。「スピード」を最優先することで、考え込んで動けない状態から、まずは動いて考えられるようになります。

▼ステップ

1 A4サイズ1枚の白紙とペンを用意。もしくはノートを開く

2 8つのマスができるように、紙を長辺2回、短辺1回折る（ノートの場合は線を引いて8マスをつくる）

3 1分間のタイマーをセットし、鳴らすと同時に1つ目のマスに1つのアイデアを「スケッチ」で書く

4 タイマーが鳴ったら、アイデアが途中でも2つ目のマスに移り、また1分間のタイマーを設定する

5 4を繰り返し、8つのマスが全部うまるまで8分間アイデアを書き続ける

実践ワーク：発想の幅を広げる「10倍と10分の1思考」

この思考法は、一般的な視点を強制的に転換して、新しい考え方やアイデアを手にする方法です。対象となるトピックについて、規模を極端に大きくしたり小さくしたりしてみましょう。

例えば、顧客がレジで支払いをする体験を

Fig. 11　Google式・高速ブレインストーミング法「Crazy8s」

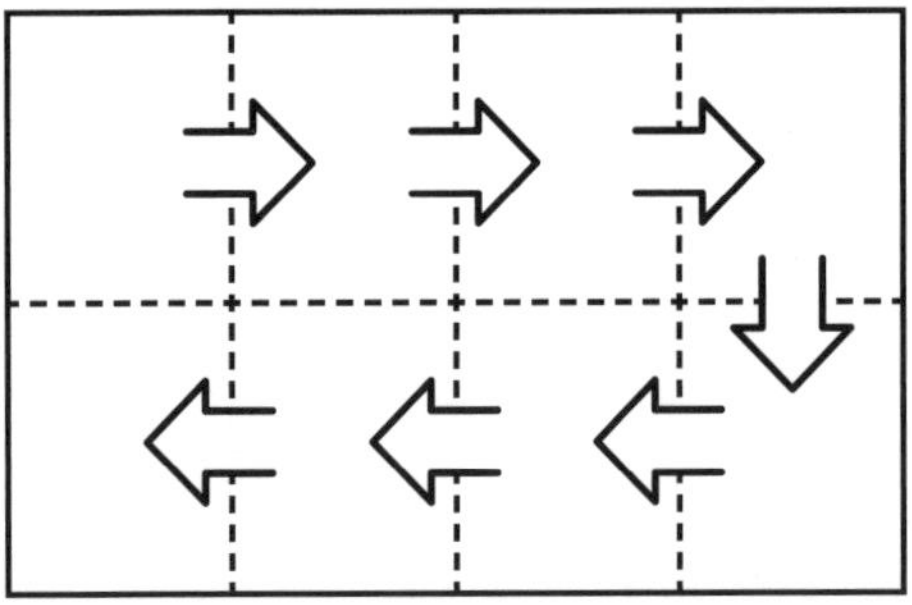

紙を八つ折りにする。1マスあたり1分間以内にアイデアをスケッチして、次のマスに移っていく。

新しく良いものにするとします。

もし、支払いのために並ぶ時間やレジの担当者と関わる時間を今までの3分から10秒にするとしたら何を変える必要があるでしょうか。

もしくは、お客さんが買おうとする商品の平均的な重さが1kgではなく20kgだとしたら、何が起こるでしょうか。お客さんの行動がどう変化するかなども考えてみます。

あるいは、取り扱っている商品サイズが2倍、3倍と大きくなれば、どの時点でお店には置けなくなるでしょうか。

また、何かアイデアを実行する際に100万円かかるとしたら、1万円でどうにかできないかを考えます。逆に、100万円でなく1億円かけられるとしたら、想定よりも多い9900万円分は何に使いたいでしょうか。

このように、前提を極端に大きくしたり小さくすることで今まで見落としていたものや新しいアイデアを得るのがこのフレームワークです。

実践ワーク：新しい視点を獲得する「機会探索文」

現状をよりよく変えたいときに、いきなり問題を解決しようとするのでなく、現状に対する問いかけを行なうことで効果的なアクション・ポイントが思い浮かぶようにします。どんな方向性で行動していくかを見出す際に、より効果的な選択肢や新しい切り口が見つかるようになります。

▼ステップ

1 気になっている問題について、思いつくままリストアップします。

2 リストを見返しながら、最も気になっていることを1つピックアップします。

3 その問題を意識しながら、①主語と②動詞が含まれる問いかけ文を作成します：
「どうすれば、Aさん（自分でも他人でも）が、B（動詞）をできるようになるか？」

4 いくつか文章を作成し、答えを最も探求したいと思える問いかけ文を選びます。

SECTION 2

右脳を刺激する「アイデア・ノート」のコツ

ここまで4つのワークを紹介してきました。いずれも、フレームワークを設定した上で、そこに対して思いつくアイデアを、とにかく大量に出していくというものでした。

日本の学校で教えられるノートのとり方とは、はっきりと違うやり方に見えたのではないでしょうか。

序章でも触れたとおり、本書で扱うノート術は、記録のため、インプットのためではなく、あくまでも自らの思考アウトプットを志向した技術です。

そのため、うまくノートをとるためのコツも、一般的なノート術とは異なってきます。

特にこの「アイデア・ノート」では、「キレイにまとめず、書きなぐっていく」というのが大原則です。

本来の課題から逸れていってもいい

最初に何かを書こうと思ったときに、なんらかのテーマを設定していたとします。そのとき、本筋から逸れるようなことが気になったりすることもあるでしょう。そういった場合、頭に浮かんだものはすべて書いてしまうことをおすすめします。

もちろん、それによって本来の課題やテーマから書いている内容がどんどん逸れてしまう可能性もあると思います。でも、大丈夫です。

「カオス」なのが右脳の世界ですので、そもそも「正しい流れ」というものはありません。もしかしたら、本題から逸れていると思っていたけれど、実はもっと重要なことにたどり着いているのかもしれません。

例えば、プレゼン資料の作成をしようと内容を考えていたときに、ふとプライベートで今度買ってみたいもののことが頭をよぎったとしましょう。そういう場合でも、ノートや付箋に「○○を買いたい」ととりあえず書き出してしまいましょう。

もちろん、そのことを書き出したからといって、すぐに欲しいものが手に入ったり、プレゼン資料が完成したりするわけではありません。

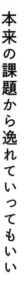

それでも、思い浮かんだり気になっていたりすることにふたをして無理に仕事を続けるより、4〜5分でいいので時間をとって気になることをどんどん書き出す方が、かえって集中力を途切れさせずに発想を続けることができます。

論理的に正しい流れかどうかというのは、あくまでアイデアを考えたり、データを集めたりした後に、そのアイデアやデータを整理分析する上で重要なステップです。つまり、最初にやるべきはアイデアを考えることであり、整理することではないのです。

書いたアイデアの「質」ではなく「量」を指標とする

右脳で発想をするときに重要なのは、書いた中身の「質」ではなく、どれだけ書けたかという「量」になります。量が重視されるということは、中身に意味があろうとなかろうと何でも構わないということです。

例えば、「ボーナスで旅行に行く場所を考える」という問いに対して発想を広げていくのであれば、本当に行けるかどうかは置いておいて、予算やスケジュールなどを気にせず、気になる地域や国の名前をひたすら書いてみるような感覚です。

ここでは何を書いたかは関係ありません。この場合の例でいえば、どれだけ多くの観光地を書けたのかということの方が重要です。

先ほどのように本来の課題から逸れて、気づけば行きたい観光地ではなく、現地で買いたいお土産リストを書いていた、ということになっていても構いません。なぜなら結果的に「量」を追求できているからです。

何個も観光地の候補が書き出され、買ってみたいお土産がたくさん書かれた後で「じゃあ、本当に行くとしたら、買うとしたらどれがいいか」と、後で「質」に関わることを考えたり書いたりすればいいのです。ですから、まずは量を追求しましょう。

他人が読めないくらい字が汚くてもいい

好き勝手なことをどんどん書いていくと、書きたい内容がたくさん思いついてしまい、手元の文字を書くスピードが追いつかない可能性もあります。場合によっては、他人から見れば何を書いているのかわからないような汚い字になっているかもしれません。もしくは、日本語としておかしかったり、漢字の間違いがあったりするかもしれません。

しかし、他人に見せられるようなものでなくてまったく構いません。なぜなら、そもそも他人に見せる必要がないからです（もちろん、見せたかったら見せても構いません）。

上手に書くという考えは、他人から見た視点が少なからず含まれている発想です。ここでは他人の視点は一切置いておき、自分が書きたいと思ったことを書くことに集中してみてください。

スケッチも多用する

右脳は視覚的に物事を理解する一方、左脳は言語的に物語を理解する傾向があります。りんごを見れば右脳は「りんご」だとわかります。しかし、文字で「りんご」と読んだり、言葉で「りんご」と言われても、右脳だけではそれが一体何を示すのかわかりません。

メモをとる際にも、文字だけで書く人と、絵を含めて書く人とではその後の仕事の速さが違います。なぜなら、絵を描きながら言語も使うと、右脳と左脳と両方が理解しやすくなるため、脳が刺激され理解が促進するからです。これは書いている本人だけでなく、その説明を聞いている人にとってもそうなのです。

簡単なもので構わないので、絵やスケッチも合わせて描くようにしましょう。

SECTION 3

発想のスピードを上げることが行動力につながる

失敗が前提の「プロトタイプ」という考え方

日本人にとって付箋はなじみ深い文房具だと思います。しかしそれはおそらく、日常的な備忘録を書き留めたり、あるいは本や書類の束の気になるところに貼り付けたりする程度の使い方に限られていますよね。

序章でも述べましたが、私がスタンフォードで1〜2時間のブレインストーミングをした際には、4束・200枚ものポスト・イットを使い切りました。

私が同様のワークショップを日本企業向けに行なったときには、これほどまでに惜しみなく付箋を使ってしまうことに対して、無意識に「もったいない」と心理的抵抗を覚える方もかなり見かけました。

もしあなたがそうであれば、その抵抗感を打ち破るためにあえて意識的に「付箋を捨てるように使うトレーニング」を心がけてみてください。紙に最初から完璧なアイデアを書く必要はありません。

というのも、そうやって付箋を使えるようになることによって、日本人の仕事に足りない「プロトタイプをつくる」という重要な感覚を身につけることができるからです。

低コストでアイデアを形にしたものを、ここでは「プロトタイプ」と呼びます。プロトタイプは、失敗のリスクを最小化し、効果的な軌道修正を実現してくれる道具です。

日本人が陥りがちな思考の落とし穴は、「もっと時間をかけて考えを深めれば、もっとよいアイデアが生まれるのでは？」と考え

Fig. 12 「プロトタイプ」の重要性

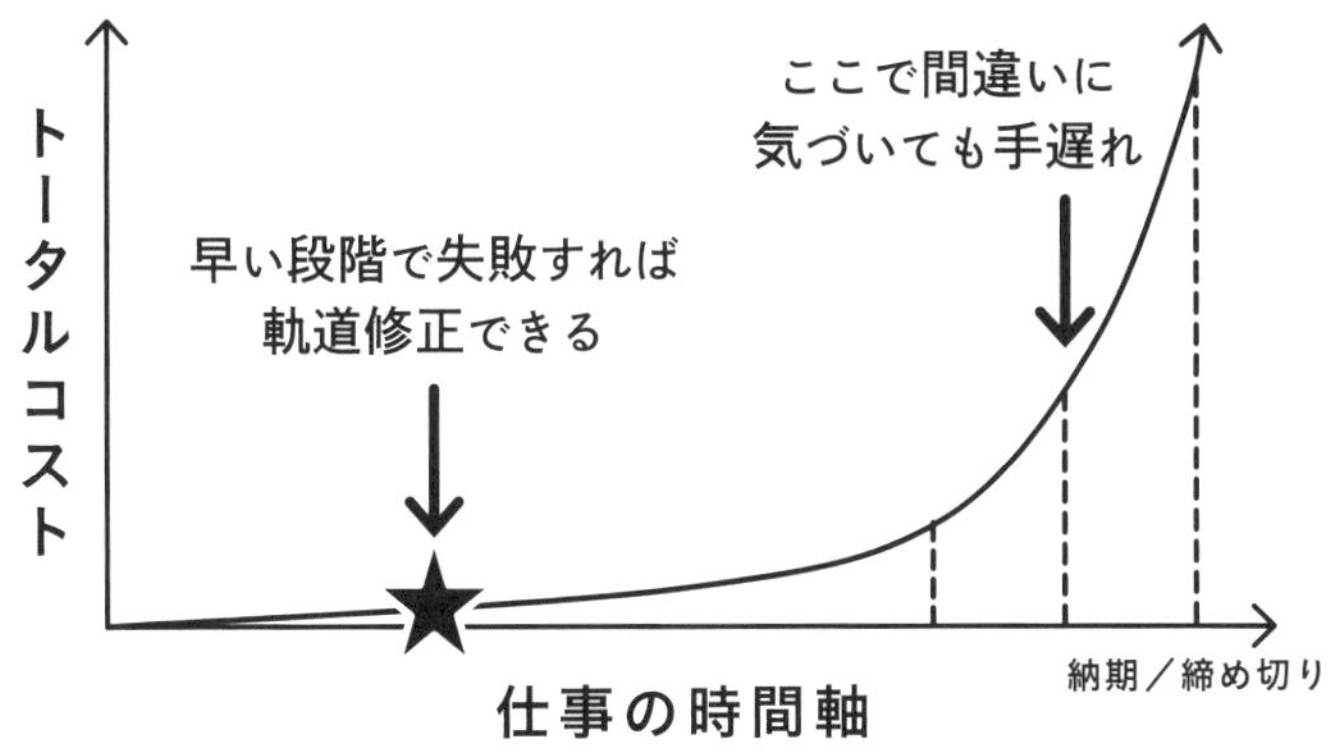

て、ずっと議論や検討をし続けてしまうことです。

私たちは最初に「重要な目的を設定してから何事も始めるべきである」という仕事のやり方になれています。これは生産性を高める上では非常に重要な観点です。しかし、創造性はそもそも何をゴールにしたらいいのかわからないような状態から動かなければなりません。とはいえ、いきなり社内の関係者を巻き込んで新しいことをするのは失敗したときのことを考えると現実的ではありません。

一方、ノート上にとりあえず何かを書くのは、その結果がどうであれ自分の時間を少し使っただけで大きな問題にはなりません。つまり、創造的な仕事に求められる「状況が曖昧だけどとりあえず動いてみる」というスタンスを少しずつ身につけることが重要です。そのために、ノートから始めるのはリスクがとても低いので効果的、というわけです。アイデアは、目に見える形や手に取れる形に変えていくことで、価値があるのかどうかを確かめられます。

ここで大事なのは「早く失敗し、失敗から学ぶためにプロトタイプをつくる」という考え方です。

コンコルドの失敗とは?

なぜ失敗を前提としながらアイデアを形にしていくのが重要なのかというと、最初から完璧なものをつくろうと意識して時間をかけてしまうと、途中で誤りに気づいてもなかなかやり直すことができないからです。

この現象は、「コンコルドの失敗」という名前で表現されています。

コンコルドの失敗とは、かつてフランスとイギリスが共同で開発していた超音速ジェット機「コンコルド」の商業的な失敗に由来しています。コンコルドは、商業的に失敗するであろうことが当事者や関係者の中で予測されながらも、心理的な問題によって開発を中止することができませんでした。

これを身近な例でたとえてみましょう。あなたが映画館で新しい映画を観始めたところ、開始10分で「どうやら自分の好みではない、つまらない映画であるようだ」ということがわかったとします。あなたはこのようなとき、どう行動しますか?

ここで合理的に考えれば、残りの1時間近くを好きでもない映画に対して使うよりも、たとえ映画の途中であっても席を立って違うことに時間を割く方が賢明だと言えるかもしれません。

しかし、実際のところ私たちの多くは、自分が既にある程度お金や時間を投資したものに対して、「このまま続けてもあまり意味がないかも」と思いながらも、それをやめられないことがあります。映画でいえば、「せっかくチケット代を払ったのだし、最後まで観よう」と考える人が多いのです。これこそが「コンコルドの失敗」と同じメカニズムです。

基本的に、事前に投資した金額と時間が多ければ多いほど、私たちは自分の失敗を素直に認めて、最初からやり直すことが難しくなります。大抵の場合、頭では「これは無駄な投資だった」と思いながら、あまりにサンクコストが多い場合、なんとか自分の行動を正当化してしまうのです。

サンクコストとは、経済学の用語です。サンクとは英語で「埋まった」ということを意味し、後で回収ができない投資のことをサンクコストといいます。先ほどの映画のチケットを例にとれば、チケット代は返金されないことが既にわかっているので、このまま観続けようが、すぐに席を立とうが、チケット代は戻ってきません。このようなコストをサンクコストといいます。

よって、合理的に考えれば、サンクコストはこれからの未来の行動や意思決定には関係がないはずです。しかし、実際には、高いサンクコストがあることによって私たちは合理的な判断ができなくなることもわかっています。

重要なのは、コンコルドの失敗は精神力や忍耐力などを鍛えれば誰でも回避できるようなものでないということです。

そこで重要なのは、そもそも「後で振り返ったときに、冷静に失敗だと認めるのが難しくなる規模の時間やお金」をむやみに使わない、ということが重要になります。

仕事だけでなく、実はノートを書くときであってもこの原則はあてはまります。特に、この章で紹介した創造的なノート術を使うときに、最初からノートを作り込んで書いてしまうと「せっかくこれだけ丁寧に書いたのだから、このアイデアは残しておこう。あまりいいアイデアでないけれど……」という事態に陥ってしまいます。

つまり、自分の努力がかわいくなってしまうのです。スタンフォードでも「アイデアに執着したらうまくいかない」と教わりました。このような事態を避けるためにも、もしアイデアや書いたものがあまり良くない内容であれば、気にせず気軽にそのアイデアを捨てられる状態をつくっておくことが重要です。

SECTION 4

「作業興奮」と「フロー状態」を使いこなす

脳は作業を始めてから動き始める

これまでに、「最初は楽しそうに思えて色々と考えて計画を立てようとしたんだけど、どうもやる気が出ず仕事が進まなかった」という経験はないでしょうか？　どれだけ好きな仕事や自分の能力を生かせる仕事ばかりできる環境であっても、その仕事の中に苦手な作業やあまり気が進まない作業が必ず含まれているものです。

脳というのは、「やる気を出そう！」と念じたり想像してもやる気が出ません。しかし、実際に何でもいいので作業を始めると活性化するという特性があります。

これは「作業興奮」と呼ばれており、脳の側坐核《そくざかく》という部分が刺激されることでスイッチが入るようになっています。側坐核のスイッチは、作業を始めて5～10分ぐらいで入ると言われています。

つまり、仕事の課題に対してあれこれ考え込むよりも、とりあえず何でもいいから手を動かして書き出す、やる気はないままでいいのでまずは最初の作業に取り掛かる、という方が脳の構造上、合理的なのです。

また、右脳を活かすときのスタンスとして、この章では、書いている内容が正しいかどうかという観点ではなく、好きか嫌いかという感情的な視点でまずは書いていけば大丈夫だとお伝えしました。これは脳を「作業興奮」状態にするためでもあります。

側坐核を刺激することを最初の目標として、「今日の夜に食べたいもの」「週末に時間があればやってみたいこと」など、仕事と直接関係なくて構いませんので、まずは脳のスイッチをオンにするところから始めましょう。

一度発想を書き出し始められれば、あなたの目の前に何らかの文字や絵がノートに書かれることになり、その様子をあなたの右脳は視覚的に判断し、その上でさらに次のことが思い浮かぶ……という良い循環に入っていけます。

無敵の思考モード「フロー状態」の入り方

創造的な状態をイメージする際に「フロー」という考え方があります。これは、アメリカの著名な心理学者であるチクセントミハイ博士が提唱した心理学的状態を指します。

このフロー状態とは、「流れに乗っている」という意味です。創造的な作業をする中でフロー状態に突入すると、時間の感覚がなくなったり、やっていることと自分との境界線が消えるような、いわゆる熱中するような感覚になります。「面白い、もっと書いていたい」と思えるような状態になっていれば、フローに入れているサインです。

逆に、つまらない、早くやめたいと思っているのであればやめましょう。これは仕事でなく、5才児のお絵描きと一緒です。変な義務感で続ける必要はありません。飽きたらやめればいいし、またやりたくなったらやればいいのです。多くの5才児は、ある程度我慢はできると思いますが「これは義務なのでがんばって続けます」とはなかなかならないですよね。「もう嫌だからやめたい」というのが自然な反応です。こと創造性に関してはそのスタンスでまったく問題ありません。自分の中にある5才児の感覚を大事にしてあげましょう。

例えば、気になることがあれば感じたままに書き出します。今日はあんまり書きたくないけどな、と思えばそれをそのまま文字にします。つまり、頭の中に思い浮かんだことをすべてそのまま書いていくのです。重要なのは「未編集」です。言葉につまって言葉を繰り返したりすれば、そのまま書きます。イメージとしては、何か思い浮かんだら1秒以内にそのまま反射的に手を動かす形です。

あたかも自分が世界で一番優れた絵描きであるかのように、色や形にとらわれずにぐちゃぐちゃの絵を描くイメージです。

正解を予測しない

NASAの研究で指摘されているのは、幼児は誰もがクリエイティブだが、そのクリエイティビティが小学生や中高生、大学や社会人になるにつれてどんどん下がっていくという現象です。

具体的には、創造性がどれくらいあるのかを長期間にわたってテストしたところ、1600人の4才と5才の子どもたちのうち98%が「創造力のある天才レベル」の得点を獲得しました。そして、同じグループの子どもたちに5年後、つまり9、10才で同様のテストをします。しかし、同じように天才レベルの得点を取れたのはたったの30%となってしまいました。

さらに実験は続きます。同じようにさらに5年後、14、15才に彼らが成長してからテストした結果、以前のように天才レベルに到達した人の人数は12%でした。

ここまでくると大人になってからどうなるかがほぼ予想できると思います。実際、この研究でも彼らが大人になってから同じテストを実施しました。天才的なレベルだとされる得点を取れたのは2パーセントの人たちだけでした。

これは、年齢にともなって能力が衰えていくということではなく、クリエイティブでない方法で物事をすすめる習慣がついていくということです。

この研究結果から推測できるのは、私たちの創造性は残念ながら既存の教育制度や社会制度によって、著しく削られ押さえつけられている可能性があるということです。そこでは発散的に自分の意見を自由に表現することではなく、一定の枠にあわせて私たちの行動や発言を収束・まとめていくことが求められています。つまり、自由な発想にフタをしてしまう環境があることが現状の課題です（もちろん、既存の教育制度や社会制度が100%良くないということではありませんが）。

このテストの結果に対しては色々な解釈が考えられますが、ここで強調しておきたいのは「誰もが小さい頃はクリエイティブである」という事実です。私たちは生まれつき誰もがクリエイティブであるともいえるのです。

そうなのであれば、創造性の発揮方法を忘れているだけで思い出せばいいわけです。

私たちの中にいる5才児のマインドを呼び起こしましょう。私たちの中に眠っている創造性を刺激し、再発見するのがポイントです。

SUMMARY

☑ 人の目を気にしないで、まずは書く
☑ 完璧さではなく、すぐに手が動くかどうかが重要
☑ 正しいも間違いもなく、あるのは「表現」
☑ 書いたことにどんな意味があるかは、次のステップで考える
☑ 失敗を前提にした「プロトタイプをつくる」という意識を持ってアイデアを書き出す
☑ 自由に書くことで日頃の制約を外れた新しい創造的な発想を手にできる

第2章　左脳で論理的に思考を整理する「ロジカル・ノート」

CHAPTER 2

LOGICAL NOTE TO IMPROVE THE ANALYTICAL POWER OF YOUR LEFT BRAIN

Overview

この章では、第1章で紹介した発想力と双璧をなす論理力を扱います。

発想力を発揮した後にぜひやっていきたいのが、アイデアをどんどん「分けていく」ということ。

非常にシンプルな2軸のマトリクスを使って、出てきた情報や気持ちや考えを整理していきます。

アイデア出しの熱狂から一転して、冷静な観点に立ち、分析を深めていきます。

SECTION 1

論理的思考力を劇的に高める3つのノート術

基本ワーク：論理的思考の基礎となる「2×2マトリクス」

2×2マトリクスは、収集した情報を分析して新しい知見を得る際に有益です。また、他人にあなたのアイデアや考えを伝えるときも、物事の関係性をシンプルかつ視覚的に表現できるため使い勝手のよいツールとなっています。

白紙に十字の線を引き、2×2＝4象限のエリアに分かれるようにします。そして、横のX軸と縦のY軸に、異なる尺度を設定します。各軸の両端には、真逆のものを設置するようにします。

例えば、あなたが自己分析のために、「自分のスキル」について、可能な限り紙に書き出していたとしましょう。

Fig. 13 2×2マトリクス

1 まずノートに縦に線を引き、エリアを2つに区切ります。手元に集まったアイデアを左右に振り分けるとしたら、どんな基準がありそうかを考えます。
(例：A「得意なこと」、B「苦手なこと」)

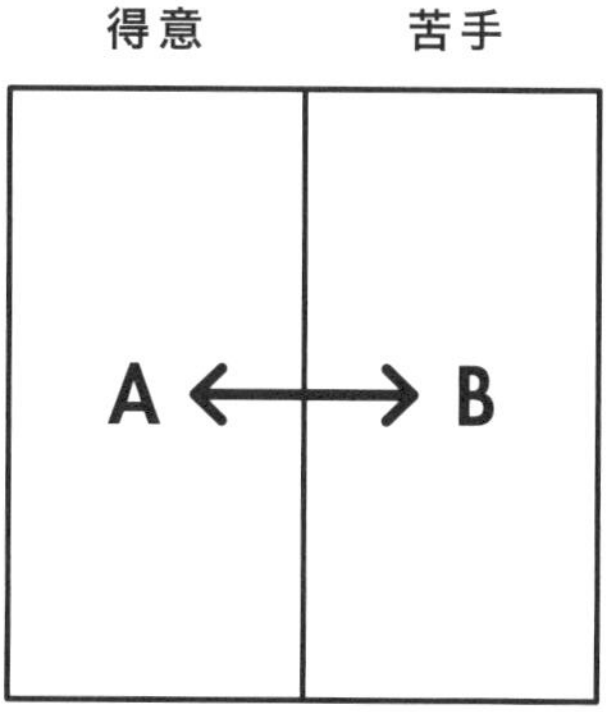

2 さらにノートに横に線を引き、エリアを4つに分けます。1とはまったく違う基準で上下を分けます。
(例：上側「仕事」、下側「プライベート」)

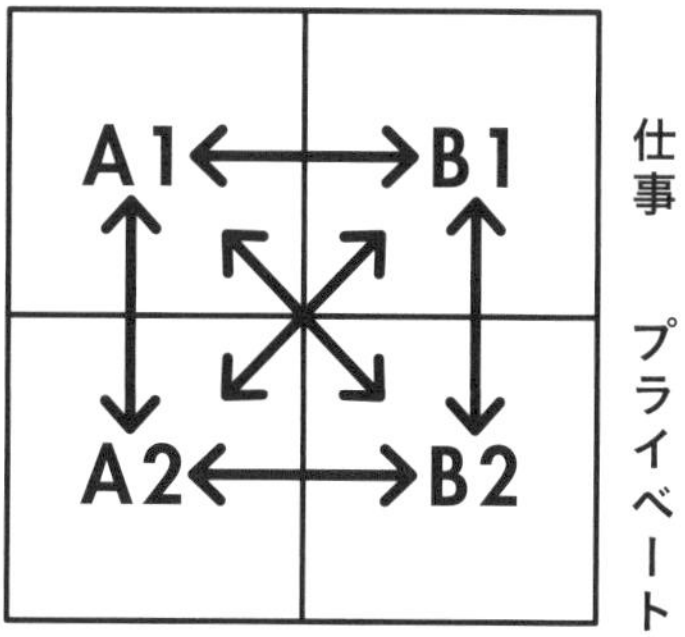

3 実際にアイデアを振り分けていきます。

書き方ガイド

▶振り分けた後、あまりアイデアが集まっていないエリアはありませんか？　それはなぜでしょうか？　理由を考えてみましょう。

▶意味を見出せそうな分け方が見つかるまで、何度も試しましょう。

それを整理するときには、まず最初のステップで、左側Aに「得意なこと」、右側Bに「苦手なこと」に分けられるかもしれません。

そして次のステップでは、上側を「仕事」、下側を「プライベート」として分けたとします。

すると、左上A1には「仕事で得意なこと」、左下A2には「プライベートで得意なこと」、右上B1には「仕事で苦手なこと」、右下B2には「プライベートで苦手なこと」といったように、4つのエリアができますね。

このように軸の設定が終わったら、手元にある情報をマトリクス上に配置します。ちょっとしたアイデア、調査してわかった事実、いまあなたが考えていることなどのようなものでも構いません。製品を比較したり、顧客の属性を整理するなど、あらゆる場面で活用することができます。

また、4つのエリアの中で、多くの情報が集まっているエリアや、あまり情報がないか、空っぽのエリアもあるでしょう。なぜそのエリアには情報があまりないのでしょうか？情報がないことが悪いわけではなく、情報を配置した後には目の前のマトリクスを見ながら考えることが大事です。

意味のある何かを発見するまでは、いろんな尺度を考え組み合わせてみましょう。マトリクス自体に価値があるケースもありますが、大抵の場合はマトリクスを眺めながら考えたり他人と議論することから得られる知見や発見の方に価値があります。

例として、会社の得意分野を探すために、ライバルの商品やサービスを配置しながら、どこが優れていてどこがそうでないかを考えることもできます。マトリクスの中で、何もない空っぽのエリアがあれば、そこには新しい市場機会があるかもしれません。

次から、物事を4つに分けて考える練習として、他人を理解するためのツールと、批判的に物事を分析しながら次のアクションを設定するためのツールを紹介します。非常に役に立つ2つのフレームワークとなっていますので、今すぐには役に立たないと仮に思っても、ぜひ時間を5分ほどとって本を読みながら試してみてください。

実践ワーク：書くだけで問題解決できる「SDTFマトリクス」

▼ステップ

1 左上にSay、左下にDo、右上にThink、右下にFeelと書く

2 左上のSayの部分には発言的事実を書き、左下のDoには行動的事実を書く

3 分類した事実を眺めながら「言えそうなこと」「ありそうなこと」を右側のThinkとFeelの領域に自由に書き出す

4 再度、左側の事実と右側の推測の情報を見返しながら、特に気になったものを○で囲む

5 囲んだ情報を見比べながら、矛盾点や新しく言えそうなことについて書き出す

共感マップとも呼ばれているこのツールは、特定の人の発言や行動、感情や思考について

Fig. 14 SDTFマトリクス

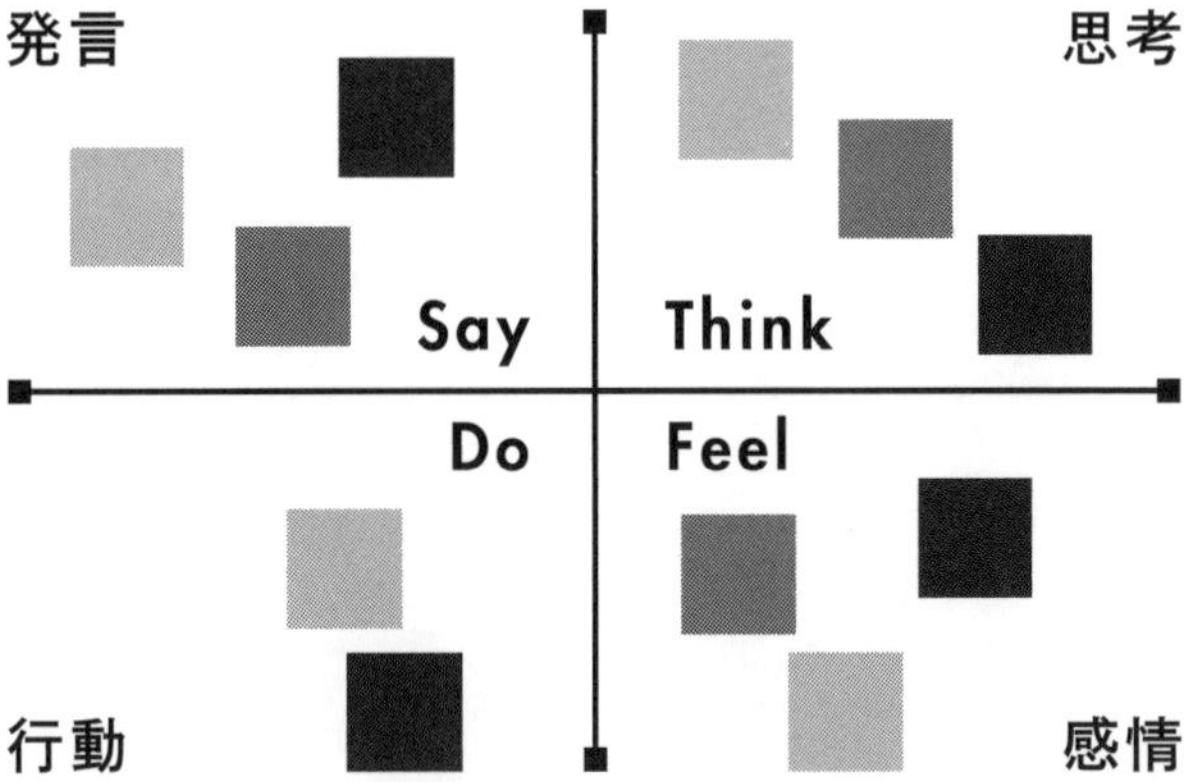

記述することで、その人がどのような状況にいるのかについて深く理解することが可能です。このツールは、例えばお客さんのことをより深く理解して、より価値のある製品やサービスをつくりたいと思っているときや、一緒に働くことになった社内のチームメンバーが、どんなことを大事にして仕事をしているのかを理解しようとするような場面で効果を発揮します。

そうして相手を深く理解することで普段のコミュニケーションが円滑になり、第一印象や少しの発言や行動を取り上げて、相手の性格や考えを決めつけてしまうことを避けられます。

▼土台作り

大きな台紙や、ホワイトボードに線を引き4分割します。それぞれの場所にこれまで得られた情報を載せていきます。ポスト・イットを使うと便利です。

- 発言（Say）：相手が口に出した言葉で気になったものは何か？
- 行動（Do）：相手のどんな行動や態度に気がついたか？
- 思考（Think）：相手は何を考えているか？　それはその人の価値観に関して何を教

えてくれるか?

・感情(Feel):相手はどのような感情を抱いているだろうか?

※価値観や思考・感情は直接観察できません。様々な兆候に気を配ることでようやく推測できます。

▼ニーズの特定

もし余裕があれば、4つに整理しながら、相手が普段求めていることである「ニーズ」について考えるのも非常に効果的です。

「ニーズ」は、人々が感情的・身体的に必要としているものです。注意点としては、ニーズは動詞(相手が利用でき、活動や欲求の助けになる)です。名詞(解決策)ではありません。記述した相手の特徴からニーズを直接特定したり、発言と行動の食い違いによる矛盾から導き出せたりします。共感マップの隅にニーズを書き込んでいきましょう。

▼インサイトの特定

さらにこれは上級編となりますが、分析する中で気がついたことがあればそれを言語化してみてください。相手の『発言/行動/思考/感情』における矛盾に注目しましょう。

1つのマップ内にある矛盾や2人のユーザーによる2つの共感マップ同士の矛盾、相手の特異な行動に対する「なぜ？」という問いかけが有効です。

これは、洞察もしくはインサイトと呼ばれており、これまでとは違った視点でその人のことを理解できるようになるツールとなっています。インサイトとは、デザイン課題にうまく取り組む上で多大な影響を与えてくれる、新しい物事の見方です。マップの横に潜在的インサイトを書き出しましょう。インサイトの芽を特定する1つの方法は、相手が抱える緊迫感や矛盾をよく捉えることです。

実践ワーク：書くだけですぐ動ける「○△？！マトリクス」

次に紹介するツールは、4つの記号でアイデアや行動について分類するもので、次のアクションを考案する上で非常に便利なフレームワークとなっています。

○△？！マトリクスは、周囲の意見を4つの視点で整理することで、何が重要なポイントなのかについて素早く整理・改善することができます。例えば、プレゼンテーションについてのコメントを求めるときや、特定のテーマについて社員やお客さんと話をするときに役立ちます。

▼ステップ

1 白紙やホワイトボードを4分割します。

2 左上に良い点（○）、右上に改善点（△）、左下には不明点・疑問点（?）、右下にはアイデア（!）をそれぞれ書きます。

3 フィードバックがあるたびに、その場でマップを埋めていきます。ポジティブなものは○、建設的な批判は△、曖昧なものや不明確なものは?、ひらめいたアイデアは!の領域に書き入れます。

2つの線を引いて、ノートを4分割したら、

Fig. 15　○△?!マトリクス

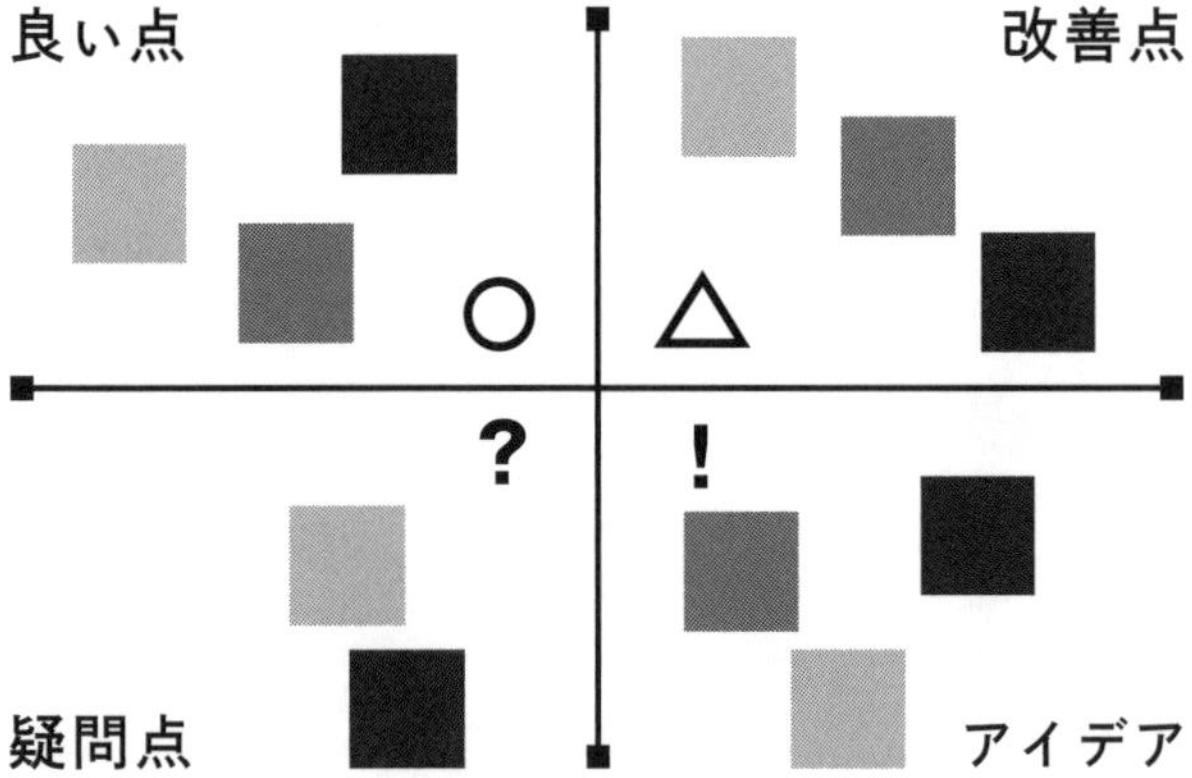

左上に○、右上に△、左下に?、右下に!をそれぞれ書きましょう。それぞれの記号には次のような意味があります。

- ○：機能した／しそうな点、良い点
- △：うまくいかなかった／いかなそうな点、改善点
- ?：詳細が不明な点、疑問点、よくわからない点
- !：目の前のメモを見ながら思い浮かんできた新しいアイデア

例えば、自分の仕事の取り組み方についてさらに創造性や生産性を高めたいとします。まず左上にある○の領域には「今既にうまくいっていると思える要素」や「自分が得意だと思える仕事」、「自分は普通だと思っていたが周囲から褒められた、他の人よりも評価されやすい仕事」などを書きます。

次に、右上の領域△の部分には、○と逆のことである苦手だったり不得意な領域について書いていきます。「今の仕事であまりうまくいっていない部分」「過去に取り組んで失敗したこと」などでも構いません。あなたが「できれば改善したいな」と思っているものをどんどん書いていきましょう。

次に、左下?の領域に移ります。ここでは、◯と△について書きながら疑問に思ったことや、自分に対する問いかけについて書きます。例えば、◯と△を見比べると、今の仕事よりも前の部署でやっていた仕事の方が自分に向いているように感じた場合です。その場合は単純に「前の部署の方が私には向いていたかも?」と書きましょう。もしくは、今の仕事の進め方で疑問に思っている部分があれば「うちの部署では〇〇をするように言われているけど、実はそれではなく△△をする方が、お客さんが喜ぶのでは?」といった具合です。なお、書いた疑問や質問に対する答えは書く必要はありません。もし思い浮かんだら、メモする程度で大丈夫です。

最後が!です。ここには、◯、△、?を見ながら「やってみたらいいと思ったこと」について、実現性を一切無視して色々と候補を書いていきます。例えば「私の得意なことをもっと活かせるように日々の仕事を意識する」でも構いません。もしくは「部署異動の時期はまだだけど、今から自分にあった仕事に変えてもらえるように、上司に来週相談する」といった内容でもいいでしょう。

すべての領域にあてはまることですが、正解はありません。思い浮かんだことを書きながら、分析したり、新しい行動を考えたりして、発散と収束を繰り返していくのがポイントです。

SECTION 2

左脳を刺激するノート術のコツ

右脳で書きなぐったものを、紙の上で「事実」と「意見」に分ける

ご紹介したノート術はいずれも2つの軸でエリアを4つに分けたマトリクスを使ったものでした。

マトリクスは非常にシンプルなフレームワークですが、それゆえに自由度が高いため、どのような分け方を採用するのかということが、アウトプットの成果に直結します。

かといって、「マーケティングの施策を考えるときはこの分け方」「目標管理の方法を考えるときはこの分け方」と個別具体のやり方ばかりを学んでも、学習の労力ばかりがかかってしまいますし、かえって思考の幅を狭めてしまう恐れもあります。

よって、本書ではマトリクスの分け方のコツとして、どのようなテーマであっても役に

立つ「事実」と「意見」に情報を分類することをおすすめしたいと思います。

例えば先ほどの100ページの「SDTFマトリクス」の図を見てください。

左半分のSay（発言）、Do（行動）は、どちらも「事実」です。

右半分のThink（思考）、Feel（感情）は、どちらも「意見」です。

事実とは「正しいか間違っているかを検証できるもの」です。よって、YesかNoの2種類しか判断基準がなく、本当か間違っているかを検証することができます。例えば、「日本には都道府県が47個ある」という表現は、事実です。

一方で意見とは、選択肢がほぼ無数に存在するため、その意見が正しいか間違っているかを検証することはできません。例えば、「日本には都道府県が〝多い〟」という表現は、意見です。都道府県が多いのか少ないのかは、人によって捉え方が違います。この表現自体が正しいかどうかは誰も決めることができません。

第1章のワークのような右脳的な発想を行なっているときは、事実とともに、大量の意見がアウトプットされます。

それはもちろん、発想をしている最中はまったく問題ないのです。むしろまったく気にしないでください。

しかし、この章のような左脳的な整理の段階に入る際には、その熱狂から一度冷静になる必要があります。

そして事実と意見を仕分けていくことで、ときには事実から飛躍がある意見があることに気づくと思います。そこに、他人よりも精度の高い思考をしていくためのヒントがあるのです。

「事実」と「意見」をあえてハッキリと分けるワケ

事実と意見を分けて捉えるというのは、非常に基本的なことのように思えますが、脳内だけで考えているとこれらをつい混同してしまうケースがあります。

事実と意見の区別をつけられないと、論理が飛躍してしまい、事実でないものを事実であると思いこんでしまう現象が生まれるのです。

例えば、あなたの部下が重要な会議に2回遅刻したとしましょう。

「この部下は遅刻をしがちな人である。近い将来、また遅刻するはずである」

これは事実でしょうか？

冷静に考えると、事実とは「実際には2回遅刻した」ということのみです。

次も本当にそうなるかはわかりませんから、「近い将来にまた遅刻をするはずだ」というのは意見に過ぎません。

言われてみると当たり前のことのように思えますよね。しかし得てして、人が遅刻したときには腹が立ちます。そして、感情的になると冷静な判断ができなくなります。すると「こいつは時間を守れないだらしないやつに違いない、だから2回も遅刻したんだ」と、いつのまにか「意見」が「事実」になってしまうのです。

これと同様に、ビジネスの現場では次のようなことがよくあります。

「ここ5年間はこの商品がこれくらい売れた」という事実から、「今年も同じくらい売れる」ということまで事実のように扱ってしまうこと。

「ある商品の売上が毎年下がっている」という事実から、「この商品の旬は過ぎた」ということを事実として捉えてしまうこと。

そのような過剰な予測、ネガティブな思い込みを前提にした施策を実行してしまって、場合によっては大きな損失を被ってしまうということも本当に良く起こるのです。物事を決めつけたり思い込みで進めようとしたりする人は、事実でないものを「間違いない」と誤って理解しているため、周囲の環境や状態が変わったときにまったく対応できないのです。

私は、スタンフォードで現地の学生や教授はもちろん、ベンチャー企業に投資する投資家や新しいプロダクトを開発するデザイナーなど、様々な人と交流する機会がありました。共通していたのは、何が明らかな事実でどこからが自分が考えたアイデアや意見なのかを、把握した上で議論している人ばかりだったことです。

「意見」をさらに2つに分ける

SDTFマトリクスの右半分は、「意見」を表していました。

そしてこの右半分の「意見」は、「考え（Think）」と「気持ち（Feel）」の2つに分解することができます。

なぜ意見を、さらに考えと気持ちの2つに振り分けていくのかといえば、やはりこの2つには明確な違いがあるからです。

「考え」とは、論理的・合理的であり、他の人が聞いたときにある程度納得感を得られるものです。考えには、根拠があります。誰が見てもそうだといえる事実を土台にして、論理的な推測を行なうのが考えです。

「気持ち」は、感情的・情緒的なものであり、人によってはあなたの行っていることに賛同できない場合もあるでしょう。根拠があるなしにかかわらず、その人が「そう思っている」という状態です。

どちらが優れているということではなく、単に違いが両者にあるだけです。

▼緻密に分類しすぎる必要はない

一般的に、分類の際の理想的なゴールとして「モレなく、ダブりなく分ける」という考え方があります。すべてをきれいに整理しきってから、優先順位や実行策を考えていくということです。

しかし、実際のところ、モレのないように何かを整理することは、難しい場合もあります。

例えば、友達数人と車でどこかに遊びに行こうとしたときに、モレなく行く場所をリストアップすることはできるでしょうか？　ある程度リストアップはできるかもしれませんが、なかなか難しいでしょう。

創造性を高める形で左脳を使うのであれば、分類は「ある程度できていれば」ＯＫというスタンスの方が有効です。「分け方がわからない、どうやって分析するか迷う」ということで手を止めるくらいであれば、大雑把に整理を始めていきましょう。

例えば、１００を完成とするならば、まずは70程度を目指せばＯＫです。

SECTION 3

さらに洞察を得るための分析手法：帰納・演繹・アブダクション

ここでは、左脳的な発想でうまく分類・整理する上で重要な考え方についていくつか紹介します。少しややこしく思えるかもしれませんが、うまく使いこなせると仕事上でのコミュニケーションや物事を決めるときに大変役立ちます。

具体的には、次の3つの方法について紹介します。

1 物事を分割した上で考えていく「演繹的推論」
2 実際の事象に目を向けながらアイデアを整理する「帰納的推論」
3 仮説ベースで物事を整理していく「アブダクション」

▼ 1 演繹的推論

演繹的推論とは、ある程度正しいとされるような前提を元にアイデアを考えていく場合です。

もっともシンプルな構造は3段階に分かれる、三段論法となります。

最初に前提となる条件があります。

次に第2の前提条件があります。

そして最後に結論がきます。推論です。

例えば「すべての人間はいつか死ぬ」「私は人間だ」「よって、私はいつか死ぬ」という流れです。いまのところ不老不死となる方法は見つかっていませんし、私が人間だということは定義上は間違いがないので、最終的な結論も正しいことになります。

ただし、前提が間違っていると、構造としては「正しく」聞こえても、結論は間違いとなります。

▼2 帰納的推論

演繹法が、前提となる正しい仮説を元に考える方法といえる一方、帰納法はその逆になります。

ある程度の現象や事例をたくさん集めた後で、そのデータからいえる共通点や法則・ルールを導き出します。

例えば、みなさんの会社の製品を購入してくれたお客さん1000人にアンケートをとったとしましょう。その結果、最も多かった声は「スタッフの人の対応が丁寧なので気に入っている」だとします。

この結果を一般化して「私たちの会社の強みは、丁寧な顧客対応にある」ということを導くのが帰納的推論です。

▼3 アブダクション

さて、先ほどのお客さんへのアンケートで、もし1000人ではなく、20人だけからしかアンケートが返ってこなかったとしたらどうでしょう。数が少なすぎるから、何も考えられない、わからない、と考えることをあきらめなければならないのでしょうか？

このようなときに役立つのが「アブダクション」と呼ばれる考え方です。

一般的に、既に紹介した演繹法と帰納法がビジネスの場ではメジャーですが、アブダクションはそれらとは少し異なったもう一つの分析方法です。

これは、観察する事象が少なかったとしても、考えられる可能性の中から最も説得力のあるものを選んでいく方法です。既に紹介した、帰納法に近い部分はありますが、完全なデータ収集ができないときに力を発揮します。一般的には、お医者さんが患者の病気について確認できる事象から診断を下すような場面や、裁判官が集まった資料から量刑を判断する場合などに使われています。

アブダクションの理解を深めるために、一つ例を紹介します。

あなたが自宅に戻ると、テーブルの上においてあった花瓶が倒れて床にまで水が広がっていました。あなたは猫を飼っていて、過去に似たようなことがありました。

さて、なぜ花瓶は倒れたのでしょうか？

もちろんあなたは「猫が倒した」と思うはずですが、しかし本当にそうとは言い切れません。もしかすると「家に泥棒が入って倒した」のかもしれません。

花瓶を監視するカメラの録画データが入っていない限り、猫が倒したとは言い切れないはずです。

しかし、実際にもっとも起こり得る可能性を考えると、猫が倒した可能性が一番高いはずです。そこで、「確認できるデータや証拠は少ないが」「そこから導かれる仮説を並べて」「最も確率が高い仮説がどれかを考える」のがアブダクションです。

これを先ほどのお客さんへのアンケートの例に戻って考えてみましょう。「お客さんのうち20人にしか話を聞くことができなかった」「しかし、どのお客さんも必ず弊社の対応場面について何らかのポジティブな感想を言っていた」とするならば、「どうやら弊社の強みは、顧客対応場面に隠れているかもしれない」という仮説が立てられます。このように、少ない情報の中から「仮説」を立てていくのがアブダクションとなります。

応用ワーク：具体と抽象を行き来する
「〝なぜ―どのように〟のはしご：Why/How Laddering」

このワークは、分析の対象となる人が持っている様々なニーズを洗い出すときに有効です。このフレームワークを使いながら、有意義かつ解決が可能なほどよいニーズを見出しましょう。一般的な傾向として「なぜ」という質問からは抽象的な回答が生まれ、「どのように」という質問からは具体的な回答が生まれます。抽象的な回答は有意義なことが多いものの、実践が難しくなりがちです。具体的な回答ではその逆になりがちです。

▼ステップ

1 相手のニーズをいくつか特定しましょう。それを紙の一番下に書き出します。

2 そのニーズからスタートして「なぜ」と問いかけながら、はしごを登っていきましょう。例えば、あなたの顧客には「製品とその製造過程との関連性を知りたい」というニーズがあるとします。そこで、「それはなぜなのか」と、はしごを登ります。すると、そのお客さんには「原材料を理解することで健康に害がないと確信を持ちたい」というニーズがあると気づきます。

3 こうして得られたニーズからさらに「なぜ」の質問を使ってはしごを上に登っていきましょう。ある段階まで到達すれば「健康になりたい」など、とても一般的で抽象的なニーズに到達します。それがはしごのてっぺんです。

4 今度は「どのように」と問いかけながら、はしごを順に降りて来ましょう。これにより、これらのニーズに対応するアイデアを得ることができます。

Fig. 16 "なぜ—どのように"の はしご

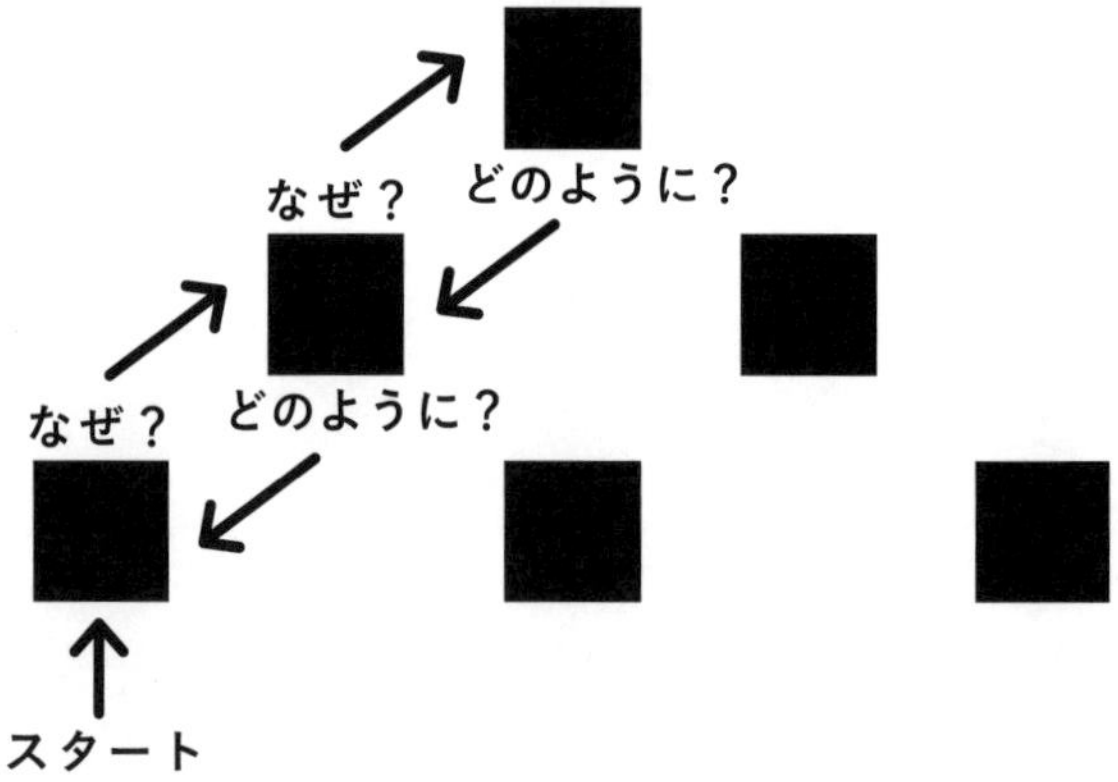

応用ワーク：少ない情報から仮説を立てる「AIUEO分析」

解決する価値のある重要な問題を見つけたいときや、自分の仕事において何がボトルネックなのかを見出すときに使います。AIUEOは、それぞれ活動（Activity）、やり取り（Interaction）、ユーザー（User）、環境（Environment）、物（Object）を意味します。

▼ステップ

1 活動（Activity）：何をしていたのか、ルーチンワークなのか突発的な作業だったのか、楽しみながらやっていたのか大変だったのかなどについて書き

Fig. 17　AIUEO分析

A 活動	I やりとり	U ユーザー	E 環境	O 物
社内会議に参加中	共同作業	会議参加者は8人	意見がまとまらずストレス	ホワイトボードとプレゼン資料

出します。

2 やり取り（Interaction）：そこではどんなやり取りがあったでしょうか。やり取りの相手は人間のときもあれば、自動販売機のように機械の場合もあります。そのやり取りは計画されたものでしょうか、突発的に起こったでしょうか。もしくはやり取りの手順が決まっているのか自由にできるのかについても書き出しましょう。

3 ユーザー（User）：その場に当事者以外にはどんな関係者がいたか書き出します。周囲にいた人は、プラス／マイナスのどちらの影響があったでしょうか。周囲に誰もいなかったのであれば、それはプラスに働いたのかそれともマイナスだったのかを書き出します。

4 環境（Environment）：その活動をやっている周囲の環境について書きます。どんな場所や雰囲気での活動なのか、その場所にいることでどんな気分や思考が働くのか、環境によって受ける影響などを書き出します。

5 物（Object）：なんらかの物やデバイス（iPad／机／自転車等）を使ったでしょうか。その物を使うことで、当事者の気持ちや思考にどのような影響があったか書き出します。

SUMMARY

- ☑ 左脳を活かすにはひたすら「分ける」
- ☑ 分析方法に迷ったら、まず情報を４つに分けてマトリクスで整理してみる
- ☑ 事実と意見を分けて捉えることが左脳的思考の基本
- ☑ 演繹・帰納・アブダクションを通して、仮説構築や具体策の案出しを行なう

第3章　相手の右脳と左脳に響かせる「プレゼン・ノート」

CHAPTER 3

PRESENTATION NOTE TO TURN IDEA INTO ATTRACTIVE STORY

Overview

この章では、周囲の人をうまく巻き込みながら仕事をするための「共感的ストーリー」のつくり方が主なテーマになります。

納得感と説得力の両方を聞き手に与えるコミュニケーション理論やその技法を紹介します。

感性に訴えるストーリーと、理性に訴えるストーリーの両方を意識することによって、一人だけでは生み出せない大きな成果をチームや組織単位で生み出すことができます。

SECTION 1

人を巻き込み魅了するノート術

実践ワーク：簡潔なのに感動的なプレゼンができる「ストーリー・ボード」

問題発見から問題解決という一連の流れを整理するために、映画のストーリーをつくるような感覚でこれまでの調査結果やアイデア出しの結果をまとめていきます。

4つの要素（普段の様子／課題や矛盾／新しい提案／日常の変化）についてそれぞれ整理しながら、説得力と一貫性のある魅力的なストーリーを構築しましょう。印象に残る魅力的なプレゼンテーションをしたいときに有効です。

▼ステップ

1 A4サイズの白紙1枚とペンを用意します。

Fig. 18 ストーリー・ボード

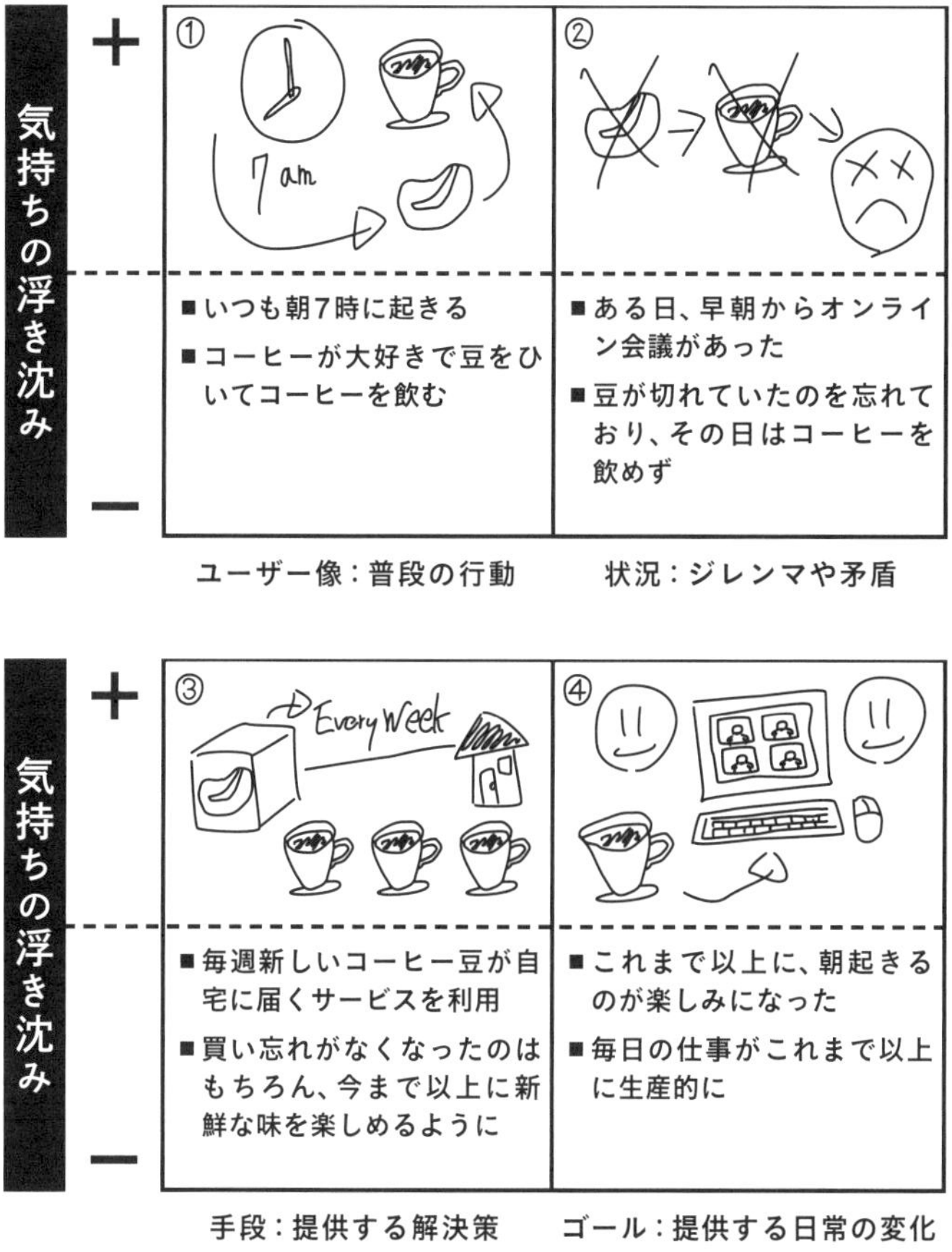
気持ちの浮き沈み
+
−
①
7am
■いつも朝7時に起きる
■コーヒーが大好きで豆をひいてコーヒーを飲む
②
■ある日、早朝からオンライン会議があった
■豆が切れていたのを忘れており、その日はコーヒーを飲めず
ユーザー像：普段の行動
状況：ジレンマや矛盾
気持ちの浮き沈み
+
−
③
Every Week
■毎週新しいコーヒー豆が自宅に届くサービスを利用
■買い忘れがなくなったのはもちろん、今まで以上に新鮮な味を楽しめるように
④
■これまで以上に、朝起きるのが楽しみになった
■毎日の仕事がこれまで以上に生産的に
手段：提供する解決策
ゴール：提供する日常の変化

2 一番左側に、ユーザーの普段の行動をスケッチと文章で書き出します。

3 次に、ユーザーの状況について抱えている課題や葛藤、悩みなどをスケッチと文章で書きます。

4 その隣に、これまで考えたラフなアイデアについて一つ、スケッチと文章で書き出します。

5 最後に、そのアイデアを採用することで、ユーザーの生活がどのようにより良く変わったのかをスケッチと文章で書き出します。

右脳に届くメッセージと左脳に届くメッセージの違いは伝え方です。言語だけで事実を淡々と伝えた場合、主に脳は2箇所しか活性化しません。一方、視覚的な情報を伝えると脳は7箇所刺激を受けます。

そこで重要なのは「ストーリー」という考え方です。ここでも紙を4つに分けてストーリーを考えます。4コママンガのような形でイメージしてもらえればOKです。ただ、4コマ漫画では最後に面白さや意外性が要求されますが、ビジネスの場面で共感されるストーリーには違った特徴があります。

ストーリー・ボードのつくり方について、より具体的に紹介しましょう。

▼1 普段の様子

最初のコマでは、プレゼンする相手や、その先にいる利害関係者の普段の言動（発言／行動）を把握します。

最初に明示するのは、そもそもどんな主人公が登場する話なのかです。

どんな企画であっても、そこには必ず主要な関係者がいます。お客さんかもしれませんし、社内の誰かかもしれません。最初に明らかにするのは、一体誰がそのストーリーの主人公なのかです。主人公が設定できたら、その人の普段の様子がわかるように、日々の言動について提示をします。

Fig. 19　プレゼンの4ステップ

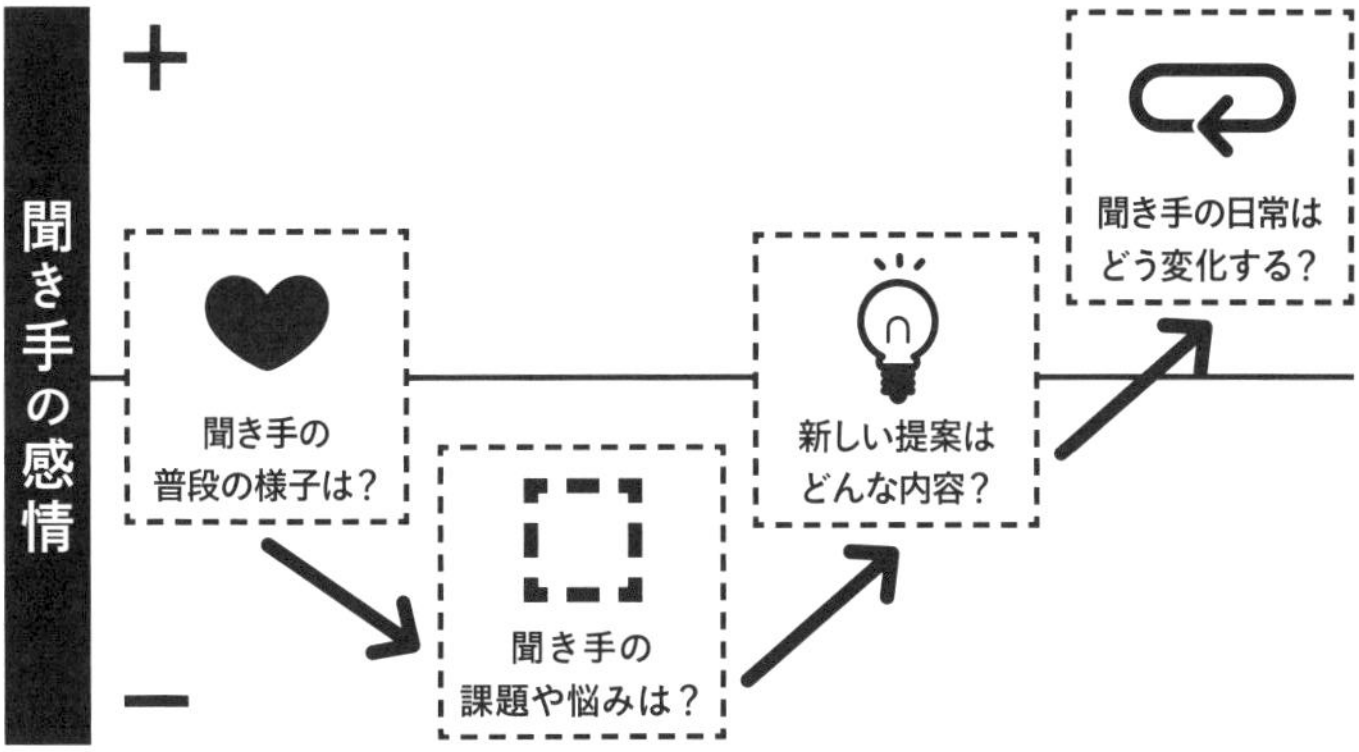

▼2 課題や矛盾

2つ目のコマでは、相手の人がどんな立場や状況にいるのか、ありえそうな可能性について客観的に記述します。

次は、その主人公が抱えている課題や悩みについて提示をします。映画でよくあるのは、主人公が突然トラブルに巻き込まれ、自分の力でなんとかして解決していかなければならないような状況です。人間とは不思議なもので、トラブルがゼロですべてうまくいっているような話にあまり興味を持ちません。それよりも、不利な環境に追い込まれたり、深い悩みを持った主人公がどうやってその試練を乗り越えて解決するのかといったことに興味を持ちます。映画の「スター・ウォーズ」しかり「マトリックス」しかり。

プレゼンテーションをするときにも、重要なのは「誰が何に困っているのか」を明確にすることです。課題に対する解決策を提示するのがプレゼンテーションの目的ではありますが、そもそもの解決策がなぜ機能するのかについて、課題や悩みを掘り下げて説明することでより説得力の高い話となります。

▼3 新しい提案

3つ目のコマでは、プレゼンの目的ともいえる具体的な提案を描きます。

自分が言いたいことだけではなく、相手が聞きたいこと（＝相手の言動や立場に対する理解が感じられる話）も意識してポイントを提示します。

既に、どんな主人公がどんなことで困ったり悩んだりしているのかについて描写が終わっているため、前提となる条件について聞き手と共有が終わっているはずです。この状態で、具体的な提案をすることでなぜ主人公の現状に対して良い影響があるのかについて示します。

▼4 日常の変化

最後の4つ目のコマでは、提案を実行することで、どんなメリットがあり、どんな良い変化があるのか、ビフォー・アフターがわかるように伝えます。

最後に、重要なのは3つ目の提案を実行したら、どんな良い変化が主人公や関係者に起こるのかを明示することです。よくありがちなのは、提案だけで終わるプレゼンテーションですが、実際に聞き手が興味があるのは、提案を受け入れた後にどのような具体的なべネフィットがあるのかです。

よくマーケティングの教科書にも「顧客はドリルが欲しくて買うのではない、穴が欲しくて買うのだ」というセオドア・レビット教授の言葉がよく載っています。

つまり、一つ前のステップで提示した案はあくまでドリルになります。ドリルを買って穴をあけることで、どんなことができるのか。例えば「好きな絵を壁にかけられる」など、主人公や聞き手のやりたいことまで含めてプレゼンする必要があります。提案内容はあくまでツールであり、重要なのはそのツールを使うことで聞き手が求めている新しい日常を手にできることなのだ、という点を意識しましょう。

なお、このセクションで紹介しているワークの事前練習として、まずは自分を登場人物に設定して試すのもおすすめです。

実際のケースでも空想のケースでも構わないので、あなたの日常や課題を書きながら、どんなアイデアがあればより良い1日が送れそうか考えてみましょう。

もしくは、家族や友人など仲のいい人の話を聞きながら、今回のフレームワークに当てはめてストーリーを書き出してもいいでしょう。

気軽に始められそうな方法で、まずは5分でもいいので時間をとってやってみてください。

SECTION 2

プレゼン力を上げるノート術のコツ

歴史的研究から導き出された「神話の法則」を意識する

ここで紹介したストーリー・ボードは、実は「神話の法則」という考え方をもとにつくられています。

神話の法則とは、世界中の物語に共通する古典的な物語の構造についてその枠組を提示した理論です。神話の法則は、1949年に学者のジョセフ・キャンベルが整理したものです。彼によれば、世界中で愛されているあらゆる主要な物語は、以下の流れに従うということがわかりました。

登場人物が普段の生活をしている↓そこに課題がやってくる↓課題解決のために必要なものを手に入れなければならない↓迷っていたが旅に出ることを決意する↓旅の中で多く

の困難や対立に直面する↓最終的には逆境を乗り越えて勝利する、という具合です。

細部はもちろんその国や物語によって違いますが、有名な童話でいえば日本なら「桃太郎」、海外なら「オズの魔法使い」など、大枠はすべて一緒です。

実は、ハリウッドではこの法則を土台にして脚本をつくることが重要とされており、「スター・ウォーズ」や「スパイダーマン」、「マトリックス」や「ロード・オブ・ザ・リング」など、世界で大ヒットしている主要な映画はすべてこのパターンで説明することができます。

神話の法則は、大きく「旅立ち」「通過儀礼」「帰還」の3つに分かれており、さらに17段階のステージでストーリーが構成されています。

▼1　旅立ち

①冒険への呼びかけ↓②呼びかけに対する拒否↓③不思議な力／人による支援↓④異世界への出発↓⑤異世界での危機

▼2　通過儀礼

⑥試練の道↓⑦母性との遭遇↓⑧誘惑者の登場↓⑨父性との統合↓⑩冒険のクライ

マックス→⑪恩恵や報酬の獲得

▼3 帰還

⑫日常への帰還を拒絶→⑬追跡者からの逃亡→⑭外部からのサポート→⑮異世界と日常の境界線→⑯異世界と日常の統合→⑰新しい日常

これら17の要素を抽出して整理したのが、本章の冒頭で紹介した、「1 普段の様子」「2 課題や矛盾」「3 新しい提案」「4 日常の変化」の4ステップです。

神話では、主人公が最初の頃とは違う新しい日常を手にして物語が終わります。

同じように、プレゼンテーションでは、聞き手や関係者が今とは違う魅力的な日常を手にできるように、話を組み立てましょう。

SECTION 3

伝わるプレゼンの3要素

左脳と右脳は両方が相互に影響し合っていると序章で述べました。このことは、コミュニケーションをする際にも非常に重要です。なぜなら、相手の左脳にだけ語りかけるような伝え方や、右脳だけに語りかける伝え方もできますが、できれば両方を刺激できる伝え方の方がよいのです。

つまり、相手の感情を刺激するような伝え方で、そこにロジックがあるとより相手の印象に残るということです。

しかし、実際にはこの2つだけではプレゼンテーションは成功しません。なぜなら、その話をしている人自身がどんな人なのか、というのも、成否を決める重要な要素となるからです。

よって、プレゼンテーションでは、次の3つの要素を満たす必要があります。

1 左脳型の論理的「考え方」
2 右脳型の感覚的「感じ方」
3 話し手の人格による「信頼性」

下のモデルは、古代ギリシャ哲学者のアリストテレスが言及した「ロゴス（論理）」「パトス（情念）」「エートス（人格）」が土台になっています。左脳と右脳の両方で考えプレゼンすることはもちろん、あなた自身のことを「信頼に値する人だ」と相手に認識してもらう必要があります。

そして、相手からの信頼を勝ち得る重要なポイントが、「相手への共感」なのです。

このセクションでは、プレゼンにおける信頼獲得のための、「共感力」の高め方について紹介します。

Fig. 20　人を動かすために必要な3つの要素

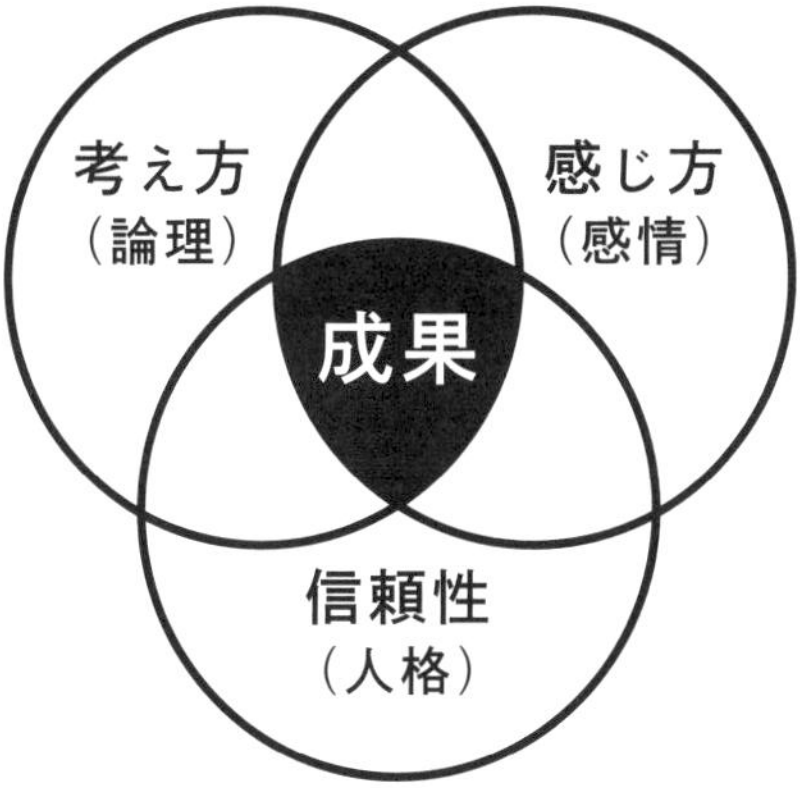

共感という考え方

ロジカルに伝えようとすること自体は重要ですが、伝わるプレゼンとそうでないプレゼンには大きな違いがあります。それは、聞き手に対する共感をした上でのプレゼンなのか独りよがりのプレゼンなのかという点です。

「相手に共感すること」が大切な理由は、相手の深いニーズに近づきながら話をすすめられる点にあります。

「この人は私のことを理解している」と思ってもらった上で何かを提案する方が、「この人は信用できない」と思われている状態で話をするよりも確実に効果があります。

アダム・スミスは共感を、「想像の中で、

Fig. 21　同情と共感の違い

同情 sympathize	共感 empathize
「シンクロする」 自分の同じような経験に照らし合わせて相手の心情を察する	「中に入り込む」 相手の体験に思いを巡らせて、相手の気持ちになってみる
⇩	⇩
受動的に起きるもの	能動的に行なうもの

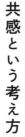

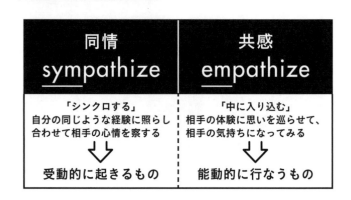

苦しんでいる人の立場に身を置くこと」と定義しています。これは、相手が抱えている悩みや、その悩みから生まれる不安や痛みに寄り添うことで、本当の共感が生まれることを意味しています。

「共感」という考え方はとても重要ですので、理解を深めるために、似たような言葉を比較していきたいと思います。

共感と似たような感情には「同情」があります。同情と共感の違いは「能動性」です。英単語を見ると、同情はsympathize、共感はempathizeとなっています。「-pathize」は感情を意味しており、単語の頭にそれぞれついているsymは「シンクロ」を意味し、emは「中に入ること」を意味します。

例えば、友人が財布を失くしたとしましょう。自分にも同様に財布を失くした経験があれば「それは大変だね。私も最近財布をなくしたことがあって。預金カードやクレジットカードの停止手続きなど、色々と大変だったんだよね」と感じることができます。

これはいわゆる「同情」であり、自分の経験や考えをベースに相手の気持ちを察しているわけです。言い換えると「自分の経験と相手の経験を同一視」している状態です。

一方の共感は、自分の経験を一旦脇に置いて相手の立場になりその苦しみを理解しようとすることです。

仮に自分が財布を失くした経験がないとしても「この人は凄く困っている。どうやらその財布は大切な人からのプレゼントだったようだ。どれだけ残念なことだろう」と、あくまで「相手の視点でその経験や現象に歩み寄る」ことができるかどうかです。

「同情」は自分が経験していないことについては、何も感じることができません。受動的に相手の状況を自分の過去の経験や状況と照らし合わせるだけです。

一方の「共感」は能動的に相手の状況や立場を考え、その人の気持ちについて知ろうとする姿勢です。

人とのコミュニケーションは、相手を自分の過去の経験に当てはめて決めつけるのではなく、相手がどう感じているかを知ることから始まります。つまり「相手の立場に身を置けるかどうか」ということです。

共感がなぜ重要なのか

共感を通じて、相手が物事をどう認識したり知覚しているのかを理解することができます。人によって知覚が異なる有名な例に、コップの中に半分「も」水がある、と考える人とコップの中に半分「しか」水がないと考える分け方があります。これはどちらが正解ということではなく、単に人によって知覚が異なるということです。

もし、半分「も」あると感じている人に対して「もうちょっと水があったらいいですよね」と言っても話がうまく通じません。

逆もしかりで、「しか」ない、と感じている人に「これだけ水があれば十分ですね」と言ったら「この人は話がわかってない」と思われるだけです。重要なのは、相手の認識や知覚を意識しながら、あなたが伝えたいことをうまく伝えるということです。自分の知覚や認識を、無意識のうちに相手に強制していないかをチェックする上でも、共感の力は重要です。

共感が重要なのは、相手の興味・関心を深く理解することで、相手に伝わりやすい方法でコミュニケーションをすることが可能になるからです。

共感するために意識すべき4つの点は、次のようになります。それは、外的な2つの動きと、内的な2つの動きです。

外的な動きには①発言と②行動が含まれます。相手は普段どんなことを口にしているのか？　どんな振る舞いをよく行なっているのか？　観察から明らかになった点をあらためて整理していきます。

内的な動きには③気持ち（感情）と④考え（論理）が含まれます。「どのような気持ちでその発言をしたのか」「どんな考えがあってその行動をとったのか」を相手の立場に身を置いて感じ取ります。ときには発言と行動に矛盾があったり、気持ちと考えが衝突している場面に出会うかもしれません。そのような非合理的な側面も含め、一人の人間として相手に共感することが大事です。

人に何かを伝えようとしたとき、まず考えるべきは自分が言いたいことではなく、聞き手が普段どんなことに関心を持ち、何に困っているのか、もしあるのならそこにはどんな理想があるのか、ギャップを意識的に理解することです。

もちろん、人によっては「そんな理想とかはないけれど……」という人もいるでしょう。しかし、私たち人間は少なからず現状が「せめてこうだったらもっといいのにな」という意味でのギャップを多かれ少なかれ抱えているものです。人に何かを伝えるときに大事なのは、相手がどんなギャップを抱えているのかを相手の立場、相手の視点で理解し、そのギャップを埋めることとあなたがこれから話す話がどのように関係しているかを伝えていくことです。

以上が、プレゼンテーションをする際の心構えとなります。次に紹介するのは、具体的にどのような要素に気をつけてプレゼンテーションを組み立てていけばいいのかです。

コミュニケーションの成否を決めるものは？

プレゼンテーションは、大きく分けるとコミュニケーションの一部です。大枠を理解するためにもコミュニケーションの基本的な理論についてここでは紹介をしていきます。

「コミュニケーション能力を高めたい」「コミュニケーションがうまくいかない」など、コミュニケーションという言葉は日常的によく使われています。

では、コミュニケーションの成功基準とはなんでしょうか。どういう状態であればコミュニケーションに成功し、どういう状態になるとコミュニケーションが失敗したといえるのでしょうか。

この成否の基準が明確でないと、何を元にスキルアップすればいいのかがわかりません。コミュニケーションの一つの種類であるプレゼンテーションも同様です。まずはコミュニケーションのルールを押さえておく必要があります。

ここでいう「ルール」とは、スポーツにおける決まりのようなものです。

例えば、もし友達や知り合いと草野球をしていてあなたがバッターであれば、あなたにとっての成功は「いかに点につながる行動ができたか」です。そして、「点につながる行動」を考えると、塁に出ることは必須です。そのためには、投げられたボールをうまくバットに当てたり、相手の隙をついて盗塁することが考えられます。素振りをしたり、走る練習などは効果があるでしょう。そして、その結果、ただのヒットではなくホームランを打てたのであればさらに高い成果を出したといえます。

このように、「ルール」を見ることで「成否を分ける目標（例：バッターなら点をとる）」がわかります。そして、それによって「成否を分ける目標に近づくための具体的な行動（例：ボールにバットを当てる、次の塁にたどり着く）」が明確になります。すると、「その行動を高い確率でできるようになるための練習・日々のスキルアップ対象」もわかってきます（例：素振り、走り込み等）。

コミュニケーションも同様です。ルールがわかれば、成否を分けるものが何かわかり、そのために必要なアクション、そしてそのアクションを高いクオリティで実行するための練習が見えてきます。

以下より、コミュニケーションのルールから説明をしていきます。

事実と感情を分けて伝える

communicationの語源をたどるとラテン語の「commūnicō：共有する」という動詞の存在に気づきます。この語源から考えれば、コミュニケーションの成功基準は「共有」にあるといえます。つまり、共有したい情報が相手にうまく伝われば成功、伝わらなければ失敗ということです。

コミュニケーションで重要なのは、「こちらが言ったことを、相手が理解すること」です。非常に当たり前ですが、とても重要なことなので記載しておきます。これは、プレゼンテーションにもあてはまります。プレゼンテーションの目的は、「自分が考えていることを、相手に理解してもらう」ことにつきるからです。

逆にいうと、どれだけきれいに原稿やスライドを用意し、時間通りに発表が終わり、「プレゼン上手だったね」と仮に同僚に褒められたとしても、上司に「で、昨日のプレゼンってどこがポイントなんだっけ？」と言われてしまえば、そのプレゼンテーションは残念ながら失敗したということになります。

コミュニケーションの目的は情報共有です。情報には大きく分けて2つあります。1つが事実に関する情報、もう1つは感情に関する情報です。

例えば「コーヒーが1杯500円」というのは事実に関する情報であり、そのコーヒーを飲んだ人が「このコーヒーはどのコーヒーよりも美味しい」と言った場合、それは感情に関する情報になります。

感情に関わる情報は、好き嫌いで判断されるものです。正しいかどうか、という基準で判断することはできません。このように大きく2つある情報を、プレゼンテーションでもうまく使い分けて話をする必要があります。

SUMMARY

☑ ストーリー構成は普段の様子・課題や矛盾・新しい提案・日常の変化の4つからできており、それぞれの枠組みにどんな内容を当てはめればいいか考えることで、効果的にプレゼンテーションの「中身」を設定することができる

☑ プレゼンテーションで重要なのは、考え方・感じ方・行動の3要素である

☑ 相手の立場に身を置き、相手の理想や現状を理解し、そのギャップを埋めるためにどんなことができるのかを考えることが最初の一歩となる

☑ また、プレゼンテーションはコミュニケーションの一部であり、すべてのコミュニ

ケーションには共通したルールがある

☑ コミュニケーションの成否は、情報が適切に共有されたかどうかで決まる

☑ 内容を固める際に有効なのが、神話の法則である。神話の法則は人間が無意識に共感するストーリー構成となっている

CHAPTER 4

BRAINSTORMING METHODS TO SHARE A VISION WITH YOUR TEAM

第4章　チーム全体の地頭力を高めるボードの使い方

Overview

本章では集団での仕事に必須であるホワイトボードもしくは模造紙に焦点を当てて、どのようにこれらのツールを共同で使いこなすかについて取り上げます。

どんなオフィスにもほぼ設置されているであろうホワイトボードや、それに類似した使い方ができる模造紙を「大きな共有ノート」と考えて、ノートや付箋と同じように使いこなし、チームの創造的なアイデアを劇的に増やすスキルを紹介します。

SECTION 1

チーム全体のパフォーマンスを上げる4つのノート術

基本ワーク：ブレインストーミング

まずは批判を一切しないでひたすら量を追求する時間をとります。ここでぜひ使いたいのがブレインストーミングです。ブレインストーミングは、広告代理店の創業者アレックス・オズボーンによって1939年に提唱された方法で、広く様々な職場で活用されています。

▼ステップ

1 大きなホワイトボード（もしくは模造紙）を用意する

2 各自がポスト・イットとペンを持ち、ホワイトボードの前に立つ

3 思い浮かんだアイデアを書き出し、声に出しながらホワイトボードに貼り付ける

実際の進め方を紹介します。

ブレインストーミングを行なう際には、スピード感が重要です。椅子に座ってじっくり考えるような雰囲気になってしまうと、ルールをうまく守ることが難しくなります。参加者全員がハイ・エネルギーで取り組めるように、最大60分を目安にやってみましょう。アイデアの数は、60分で100〜150個を目標にするといいでしょう。

まず、考えや経験を、具体的な形や目で確認できる情報へと落とし込むために、アイデアをその場で発散させます。それを通じてデザインチームに情報を伝えることができるし、みんなを触発することもできるからです。

壁やホワイトボード一面に、興味深い発見を記載したポスト・イットを貼ってみましょう。さらに、そこに関連した製品や関連した状況に置かれたユーザーの写真（現場で得たもの）を付け加えていきます。

最初は様子を窺う人もいて、たくさんのアイデアが出てこないかもしれませんが、数分もすれば少しずつエンジンがかかっていき、色々なアイデアでホワイトボードが埋め尽くされることになります。ポイントとして、他人がアイデアを出したら、中身はどうであれ

「数を増やすというチームの目標に貢献した」という意識で「いいね！」と言いましょう。

その後、情報を整理するために、ポスト・イットや写真を、関連したグループへと分類し、どのようなテーマやパターンが浮かび上がるかを検証します。

最終的な目標は、意味あるニーズやインサイトを浮かび上がらせ、解決策を導き出すために有用な知見を生むことです。

このようなグループ化には、ポスト・イットが用いられることが多々あります。ポスト・イットに、フィールドワークから持ち寄った発見を記入します。また、分類行為は製品・サービスや対象物、ユーザーに関する共通点を探す際にも有用です。なお、おすすめのポスト・イットやポスト・イットの使い方については、43ページで詳しく紹介しました。

さらに人のアイデアにのっかって「それならこんなアイデアもいいかも」と次の提案をするのもおすすめです。積極的にコミュニケーション、コラボレーションしていきましょう。

実践ワーク：チームメンバーの連携力と士気を高める「I like, I wish, What if：良い点・改善点・次への提案」

仕事を進める中で、周囲の人達とコミュニケーションしながら何がうまくいっていて何を改善する必要があるのか議論することは、次の仕事をスムーズに進める上でとても効果的です。このフレームワークは、お互いに「〜が良かった、〜だったら良かった、次は〜できたら」という形で会話を進め、お互いにフィードバックし合うことを簡単にするツールです。

▼ステップ

1 まず、フィードバックし合うために関係者で集まりましょう。チームメンバーで振り返るプロジェクトや最近の仕事を設定します。

2 そのプロジェクトや仕事に対して、「ここが良かった」「ここがもっとこうだったら良かった」「次はこうできたら」と、それぞれの3つのポイントについて簡潔に表現していきます。例えば「役割分担ができて良かった」、「プロジェクトの進行中にもっと進捗共有できていたら良かった」、「次は定期的にコミュニケーションする仕組みを導入できたら」という具合です。3つのポイントすべてに答えても構いませんし、最初からどれか1つだけを話し合うと決めても構いません。どのように話し合うかについて、チームで事前に確認しておきましょう。

実践ワーク：アイデア出しがどんどん白熱していく「〝いいね！　それなら〜〟型ブレインストーミング」

ブレインストーミングは使い方によってとても効果があるものです。しかし、さほど外交的でない人は取り残されたように感じることもあるでしょう。「いいね！　それなら〜」型のブレインストーミングは、どんな人でもブレインストーミングに参加しやすくなるためのちょっとした仕掛けになります。この方法により、チームの各個人がその場にいる他のメンバーのアイデアを発展させながら、その場の議論に貢献できるようになります。

▼ステップ

1 まず、現実的かどうかは脇において、新しかったり今までとは違うアイデアをホワイトボードに書き出します（例：「社員旅行で火星に行く」）。
2 チームメンバーで、この革新的なアイデアを実現するために必要なアプローチをポスト・イットに書きます。
3 ポスト・イットにそれぞれが書いた情報を簡潔に共有してから、ホワイトボードに貼り付けます。
4 その後、だれかのアイデアに対して「いいね！　それなら〜」と言って、他人のアイデアを踏まえてさらに新しいアイデアを発言するようにします。

新しいアイデアのクオリティは問いません。重要なのは、他人のアイデアを生かして次の新しいアイデアを考えるという点にあります。その場にいる全員が、少なくとも1回は何らかの形でアイデアを発展させたり付け加えるまでこのプロセスを繰り返しましょう。

実践ワーク：全員の時間を1秒たりとも無駄にしない「ブレイン・ライティング」

一般的なブレインストーミングは、関係者でリアルタイムに意見を交わしながらワイワイと発散してアイデアを獲得することができますが、欠点もあります。それは、一人の人がしゃべっているときに、他の人はだまって聞いているしかない、という点です。また、初対面だったりあまり馴染みがない人と一緒の会議の場合、人間関係ができていない中で自分の考えを共有することに、抵抗がある人も大勢います。そういった状況に対して有効なのが、以下に紹介するブレイン・ライティングです。

▼ステップ

1 76ページで紹介した機会探索文形式の「問いかけ」を設定します。

2 問いかけが定まったら、それを紙の一番上に書き、その問いかけに対する答え、つまりアイデアを一人20秒以内で3つ書くようにします。

3 書き終わったら、その紙を席の時計回りでとなりの人に渡します。

4 まわってきた紙には既に隣の人が書いたアイデアが書かれているので、それを見ながらそのアイデアからヒントを得てさらに次のアイデアを書きます。もちろん、隣の人が書いたアイデアとは全然違うアイデアを書いても構いません。設定した20秒という時間を意識しながら「クオリティを気にせずまずは書く」ということを実践します。

ブレイン・ライティングは、ホリゲル（Holiger：ドイツの形態分析法研究者）が開発した発想法です。最初に使われたのは、1968年に始まったドイツの職業訓練コース「ローバック」の中だといわれています。この方法がユニークなのは、集団で行なう発散的な思考法でありながら、作業としてはある種参加者がみんな沈黙した状態で、黙々と個人の発想を膨らませることです。

長所は、ブレインストーミングでは意見を言いにくい状況であっても有効なこと、また、ブレインストーミングではスピード感も重要になりますが、あまりそのような素早いアイデア出しになれていないときに、時間を事前に設定しある程度個人のペースで取り組めることにあります。

SECTION 2

ブレストをさらに加速させるコツ

準備

重要なのは何を書くかもそうですが、どのようにみんなで書いていくかです。チームで共通したルールを設定することにより、より生産性の高い議論や意見交換が可能になります。

といっても難しいことはあまりなく、以下のことを事前に決めるだけです。

▼アジェンダを決める

会議の間で変わらない情報やほぼ変わることがないような、会議のアジェンダやフレームワークなど、固定的なものをホワイトボードにマーカーであらかじめ書いておきましょう。

みんなの近況を知りたいのであれば共有がアジェンダになりますし、何か企画を検討したいのであれば発散がアジェンダになります。

逆にアジェンダが不明瞭であれば、何を目標に集まったのかわかりませんし、どのようなスタンスで発言すればいいのかもわかりません。

▼終わる時間を決める

生産性が低いチームに見られるのが「始まる時間には厳しく遅刻厳禁だが、終わる時間がゆるくずるずると会議の時間が延びる」というパターンです。これは、時間内に決める・終わらせるという意識が希薄なことによって起こる問題です。時間が来たら、まとまっていなくても決めてしまうことを意識するだけで格段に仕事が速くなります。

▼役割を決める

役割には3つあります。進行役、決定役、記録係です。

特に重要なのが、アイデアをホワイトボードに書いていくような書記役は設定しないかわりに、あくまでも要点や決定事項のみを書き残しておくための記録係を決めることです。

一般的にはホワイトボードの前に立って、メンバーそれぞれの意見をホワイトボードに書いていくような書記役を設定していることもあるかもしれませんが、それはブレストのスピードを遅くしてしまいます。

アイデアの発散が必要な会議の場合、かなりスピーディーに話が展開するため各自が自分たちの発言を書いていかなければメモする速度が追いつきません。このような全員参加型の会議でなければ生産性を高めることは期待できません。また、単に話を聞くだけで発言しない人も発生しやすくなってしまいます。その人は後で結果だけを知ればいいわけですから、その場にいる必要がなくなり、ブレストに呼んだ意味がなくなってしまいます。

よって、ホワイトボードに書記係が書き込んでいくのではなく、その場にいる全員にポスト・イットの束を配って、それぞれが書き、それをホワイトボードに貼り付けていくようにします。また、会議室にはみんながいつでも書けるように人数分のマーカーを用意しておきましょう。

基本的に、情報は後で整理したり削ったりすることが前提なので、そのような作業が後でしやすいようにポスト・イットに書いていくことがおすすめです。

アイデアの発散

それでは、ブレスト開始後のプロセスを紹介していきます。会議の目的にもよりますが、大きく分けて3つの流れを意識すると効果的に議論ができます。

1 アイデアを直感的に発散させる
2 アイデアを整理する
3 アイデアを論理的に評価する

「ブレインストーミングはやったことがあるがあまり効果がなかった」という人もいると思います。実は、ブレインストーミングは守らないと効果が出ないルールがいくつかあります。これまでやってみて効果が感じられなかった人も、以下のルールを守ってぜひ取り組んでみてください。

▼質より量を重視する

ブレインストーミングで重要なのは、アイデアの質ではなく量です。

スタンフォード大学のジェームズ・マーチによれば、日常業務とイノベーティブな業務の違いは「既存のアイデアを活用する」か「新しい可能性を探求するか」にあります。アイデア出しが失敗する理由は「このアイデアはうまくいくだろうか？」と、最初から質を気にしてしまってアイデア出しに自分でストップをかけてしまうことです。日常業務では、うまくいくアイデアなのかそうでないのかを判断していくことが重要ですが、最初の段階ではイノベーティブな業務に必要なのは「うまくいくかどうかまだわからないが、このアイデアには可能性があるかもしれない」という視点です。

そのために役立つ考え方を2つ紹介します。

まず1つ目が、「唯一解を定める」のではなく「選択肢を増やす」こと。

つまり、アイデア創造で賞賛に値するのは「最も選択肢を増やした人」です。一般的に、解決策といえば「正しい答え」が想像されますが、唯一解などないという前提のもとで、選択肢をどんどん増やすことだけを考えましょう。

そして、2つ目が、アイデアを生み出すフェーズと、アイデアを評価するフェーズを分けること。

既に紹介しましたが、アイデアを出す時間とそれを整理する時間は完全に分ける方がうまくいきます。仮に目の前に大量の変なアイデアが出てきていても気にしないでください。後でちゃんと整理したり取捨選択する時間をとるので、いまは単に「量」を追求できているかだけ意識すれば大丈夫です。もし、1個の優れたアイデアを出そうとしている自分がいたら、赤信号だと思いましょう。大事なことなので何度も繰り返しますが、「優れたアイデア」ではなく「たくさんのアイデア」が重要です。アイデアの評価は、たくさんアイデアを出して選択肢を増やしきった後で行うことにしましょう。最初の段階では、10個、50個、100個とアイデアを出すことがポイントです。

▼「すごいね!」「いいね!」と言い合うことで心理的安全性を担保する

遊び感覚が重要ですので、例えば次のようにリアクションに対する3段階のルールも効果的です。最初のステップは、アイデアが出たら必ず「いいね!」と言うということです。そして、次の段階、もし誰かが出したアイデアが結構いいのではと思えたら「すごいね!」などの、言葉を使います。そして、本当に革新的で面白いと思えるようなアイデアが出た場合には「天才!」などの言葉でリアクションをします。

このようなルールが機能する理由は、参加者の心理的安全性が担保され、その上で「せっかくだから面白いアイデアを出してみよう」とチーム全体が前向きかつ楽しい感覚を持ってアイデア出しに関われることです。

多くのアイデアを出すとき、重要なのはくだらないと思えるようなコメントであっても、否定されることなく意見を言えると思える環境をつくることです。このような環境は「心理的安全性」といわれており、どんなことを言ったとしても安全に感じられる環境のことです。この環境がなければ「自由に発言しよう」と言われたとしても、相手の顔色を窺ったり最初からアイデアの良し悪しを考えながら発言しようとします。すると、結果的に何も発言できなくなり、会議が動かない、という事態になります。

▼アイデア出しのルールを明文化する

心理的安全性の作り方として重要なもう一つの点は、先に述べたようにブレインストーミングのルールを明文化して伝えることです。なんとなく始めてしまうと、いつもと変わらない結果になります。最初は少し変に思えたりわざとらしく感じたりしても「今日の会議はこういうルールでやります」と宣言しましょう。その上で、積極的にアイデアを発言していくことで周囲の人も「ああ、この場はそういう形で進めて大丈夫だな」と初めて思えます。抽象的な概念（ここでは会議のルール）と、具体的な行動（ここでは発言）の両方をあらかじめチームのリーダーが提示することで、周囲の人の安心感が高まります。

▼あえて馬鹿げた質問をする

また、「あえて馬鹿げた質問をする」という考え方も有効です。これは過去の歴史的な事故である、アメリカのスペースシャトル「チャレンジャー号」の爆発事故が発生した状況に由来しています。この事故では、関係者が事故が起こる前からその可能性に気がつきながらも、実際に事故が起こるまでに誰もそのことを言えなかったということがありました。

それは組織の雰囲気が既にシャトル打ち上げ成功を前提としていて、「このままではこのプロジェクトは失敗するのでは」という発言を、一人だけでするのは抵抗があったからです。そんなことを言えば周りから馬鹿なやつだと思われ、批判されるかもしれないという不安があったといいます。

そこで、馬鹿げた質問、馬鹿げた発言を歓迎することが、特に創造的な思考、発散的な思考を使って会議をするときには欠かせません。ホワイトボードの使い方も重要ですが、参加者全員がどのようなマインドセットや気持ちでその場にいるかについても、とても重要です。

▼他人のアイデアに乗っかる

なお、アイデアをドンドン出すには、「他人のアイデアに乗っかる」ということも重要です。その理由を簡単に説明します。

そもそも、アイデアとはなんでしょうか？　広告代理店で働く多くの人が読んでいる本に、ジェームス・W・ヤングの『アイデアのつくり方』（CCCメディアハウス）があります。この本では、アイデアとは「違ったものと違ったものの組み合わせ」であるとなっています。つまり「まさか一緒になるとは思わなかった」ものこそが、アイデアというわけです。

少し古く感じるかもしれませんが、時代を超えて普遍的なルールであることを示すために古い例も紹介します。

例えば、消しゴム付き鉛筆です。消しゴムそのものは18世紀末に誕生しました。もちろん、そのときに鉛筆は既に存在していてメジャーな商品でした。そう考えると、消しゴムが普及してから鉛筆にくっつく、というアイデアがすぐに実現してもよさそうです。しかし、実際に消しゴム付き鉛筆が生まれたのは消しゴムが誕生してから実に88年も後のことでした。2つのものが一緒になるのに、かなりの時間がかかっています。一方、時間はかかったものの、いまや文房具店で「消しゴム付き鉛筆」を見ないときはありません。それほど便利だということです。

もう少し最近の例を出します。Amazonが特許を取得した1-Clickがそうです。Amazonをみんな使い始める前は、「商品を選ぶ行為」「配送先やカード情報を入力する行為」は別々のものでした。しかし「これを一緒にしてしまおう」というのが、Amazonが特許を取得できた理由です。

このように、「当たり前すぎるように思えるかもしれないが、いままでになかったちょっとした組み合わせ（アイデア）」が私たちの暮らしを便利なものに変えています。つまり、違った物同士の組み合わせを意図的に行なうことで、これまで考えつかなかったような面白いアイデアを生み出す可能性が広がるのです。

そして、そこで重要なのが一人で考えるのではなく、自分が持っている経験とは異なる経験や知識を持っている他人のアイデアをうまく借りたり乗っかったりしながらアイデアを組み合わせていくことです。

そして違ったものを組み合わせるのに、一人の人がやるよりも集団でやる方がずっとうまくいきます。なぜならそれぞれの人が異なる視点を持っているからです。一人でやれないこともないのですが、他人が出したアイデアに乗っかっていくことを意識してブレインストーミングをしてみましょう。

創造性と生産性のトレーニングを行なってきた私の経験でいえば「チームでの会話量が多いほど、アイデアがたくさん生まれている」という実感があります。そして、会話量が多くてアイデアが多いチームほど、最終的にアイデアを整理したときに質の高い解決策を得ている傾向があります。ぜひ、日常業務で必要な「常識」は脇に置いて、メンバーの多様な視点をその場に持ち込んでワイワイ言いながらやってみましょう。

▼簡潔に示す

最後のルールは、簡潔にアイデアを示すことです。例えば、個人的なお気に入りは「視覚化」です。単に言語を書くだけでなく、言葉にあわせて簡単な図を描くことで、周囲の人間により多くの刺激を与えることができます。また、文字だけでは伝わりづらいことを絵では一瞬にして伝えることが可能です。

以上のように、ブレインストーミングのコツは、ルールを守ることにつきます。しかし、「ブレインストーミングの際は、自由に何でも発言すればいいものだと思っていた。ルールがあるなんて不思議な感じがする」という発言を聞いたことがあるため、意外と守られていないことが多いのではないでしょうか。残念ながら既に紹介したルールが守られていないと、ブレインストーミングをやるよりも一人でアイデアを考えた方がより効率的かつ創造的だという研究もあります。ルールがなければうまくいかないのです。

アイデアの整理

アイデアの発散が終わったら、今度はアイデアを整理分類していきます。

その過程で、一定のパターン化されたアイデアが浮かび上がってくるはずです。例えば、「安心する」ことに関連して見たものや聞いたものがあったとします。また一方で、「効率化」の欲求も発見していたとします。その「安心」というグループの中で、さらに深く考えてみましょう。

例えばそこに「安心することは、どこにいるかよりも誰といるのかに関連している」といったような発見ができるかもしれません。このように、異なるグループの間の関連を考察できます。通常「安心」はユーザーの「効率性」に対する欲求と結びつきにくいのですが、グループにアイテムを仕分けていく過程で、グループ同士の意外な関係に気づくかもしれません。1つずつ分類していき、そこでの発見を議論します。そしてまた新しくグルーピングを行うサイクルを繰り返していきましょう。

アイデアの評価

▼単一の視点でなく、3つの視点で評価をする

多くのアイデアを出した後は、効果的なアイデアを選ぶようにします。アイデア出しの段階では評価・判断を避けていましたが、この段階からアイデアを積極的に評価していきます。ここでの目的は、「試してみる価値のある、いままでにない発想を選ぶ」ということです。アイデア選択でよくある間違いは、「いますぐできることが完璧に予測できる、間違いのないアイデア」を選ぼうとすることです。

「そのアイデアは厳しいな。今ある自社のリソース（人や技術）では実現できるかどうか怪しい。やめておくのが懸命だ」と実現可能性を優先すると、毒にも薬にもならない平凡なアイデアが残り、あまりやる意味もないし、やる気も出ないようなアイデアしか残らないことが多くなってしまいます。アイデアの実現性は重要ですが、その判断をこの段階で

してしまうとこれまでのプロセスが無駄になってしまいます。

アイデア選択で守るべき基準は「いままでとは違う視点で、良い効果が出る可能性があるもの」を選ぶことです。繰り返しますが「可能性」です。新しいアイデアで大事なのは、今までとは違う何かが含まれていることであるため、可能性に着目するようにします。可能性があるかどうかは、そのアイデアを評価するときに色々な視点で基準を満たせるかで判断します。

具体的には、以下の視点がおすすめです。

- 有用性：役に立ちそうなもの
- 実現性：ミス無くうまくできそうなもの
- 革新性：面白そうなもの

この段階で意識したいアイデアの基準は、有用性です。実際にできるかどうかわからないけれど、形になればお客さんや従業員スタッフにとって喜ばしい結果になりそうなものを選ぶ、という視点です。実際に形にしようとしたときに、何か障害が考えられるとしても、その障害は一旦脇に置いておきます。例えばこんなイメージです。「どうやったら形になるかは正直わからない。でも、形になったら絶対にお客さんは大喜びするだろう」

次の「実現性」は、「本当にできるのか？」という視点で考えます。より細かな判断基準として、開発期間でもいいし予算でも構いません。単純に「ああ、これなら形になって実行できそうだ」と感覚的に思えるものであれば大丈夫です。ここでの注意点は、形になって実行できるからといって、効果があるかどうかはわからないという点です。

最後の「革新性」は、これまで想像していなかったけれど、面白そうなものです。この視点でアイデアを見たいときは、次のように考えます。「もし、このアイデアが持つ欠点を一切無視して、現実的な制約も一切受けずに実現したら面白いのでは？」

このように、人の役に立つか、ちゃんと形になるか、面白そうなアイデアか、といった形で、アイデアを評価します。最終的に3つの視点が含まれているものが、可能性があるアイデアとなります。

ブレストの議事／共有方法

議論が終わったら、その内容をしっかり記録し後で参照できるようにすることが重要です。また、関係者に対して概要を共有する上でも記録があるのとないのとでは情報の正確性が変わります。

基本的に、ホワイトボードを使うときには、書いた内容を消さないでどんどん書き足していくことがおすすめです。もし、一度書いたホワイトボードを途中で消す場合は必ず写真にとってから消すようにしましょう。会議の種類にもよりますが、結論だけが重要な議題ばかりではなく「どういうプロセスでその結論に至ったのか」が重要な議題も多くあります。そのような場合に、結論だけ書かれた最後のホワイトボードだけを見ても「あれ、なんでこの結論になったんだっけ？」と途中の過程がわからなくなる可能性があります。当事者でさえ忘れるケースがあるのですから、その会議に出席していなかった人にとってはなおさら結論に至るまでのプロセスがよくわからないのは当然です。

とはいえ、小さめのホワイトボード、しかも両面ではなく片面しか書けないものしか会議室にないケースもあるでしょう、その場合には、模造紙や、56ページで紹介した便利ツールであるイーゼルパッドを貼り付けてスペースを確保しましょう。

もっとも丁寧な共有方法は、専属の書記を会議にアサインして、一字一句関係者の発言を記録する方法になります。しかし、このような方法は正確さが担保される一方で、記録された内容の確認を後でして本当に齟齬はないのか、あらためて会議出席者に承認が必要なケースも出てきます。すると、スピーディーな意思決定ができず、最悪の場合は「数週間前の会議の議事録がようやくまとまってきたが、お客さんの要求やビジネス環境が変わったので、また会議が必要になった」と、ビジネスで最も重要な「行動」が次々に先送りとなるケースになります。

一方、スピード重視だからといって、ホワイトボードの内容も記録しないですぐアクションに取り組んでいても「あれ、なんでこの仕事の方が別の仕事より重要なんだっけ」とプロセスがわからないので、優先順位が決めにくいような事態にもなります。

ここでも、正確性とスピードは常にトレードオフです。クリエイティブかつ生産的な仕事を集団で意識する場合のもっともおすすめの共有方法は、会議で使い終わったホワイトボードの内容を全部写真に撮って、関係者にその場でメールで送ることです。

これにより、スピードとある程度の正確性を担保できます。なぜなら、ホワイトボードの内容は現場の参加者がいる中で書き加えられていったものです。よっぽどのことがない限り、ボード上に書かれている内容が「実際の議論の内容とまったく違う」ということは起こりえません。また、文字だけの議事録では「正確性」「網羅性」という意味では完璧なのですが、「その中でどの情報が重要だったのか」はその場に出席している人でないとわかりません。

一方、ボードの写真であれば、その場にいた関係者が重要だと思った情報だけ抜粋されている可能性が高くなりますので、その記録を情報共有に使う方がより効率的です。

もちろん、裁判のように一字一句が重要な場面では細かな議事録が重要ですが、スピードが求められるビジネスの場面では、正確性は多少犠牲になってもいいので、早くチームや組織全体で情報を共有して「実際に行動すること」が重要となります。

SUMMARY

☑ ブレインストーミングでは書記を決めずに、メンバー全員がポスト・イットを持って同時にアイデアを発散し、ホワイトボードに貼り付けていく

☑ お互いの意見に「いいね!」と声がけをし合って、心理的安全性を担保し、さらにブレストを盛り上げていく

☑ 発散が終わったらポスト・イットをグループ化して、隠れたニーズやインサイトを導き出す

☑ ブレストの内容は、ホワイトボードを写真に撮ることで残していく

第5章　脳をさらに高速で回転させる方法

CHAPTER 5

HOW TO INCREASE PRODUCTIVITY TO REALIZE YOUR VISION

第5章では、さらに地頭力をブーストさせるテクニックやフレームワークを紹介します。

本書では創造的なアイデアを発想し、整理し、人に伝えるための方法について紹介してきましたが、そこに仕事の生産性を高める工夫を掛け合わせることで、より速く、より大きなインパクトのあるアウトプットをすることができます。

また、紙やペンの扱い方の視点や考え方はそのままに、デジタルツールで創造的なアウトプットをしていく方法についても触れていきます。

Overview

SECTION 1

シリコンバレーのスピード感の源流とは何か

仕事ができる人と、そうでない人の違いは何でしょうか？

それはスピードです。プロの仕事と素人の仕事の違いは、いかに早く完了できるかです。優秀なエンジニアは1時間で仕事を終わらせます。素人がコードを覚えれば、同じものがつくれるかもしれませんが何年もかかります。つまり、結局はスピードなのです。

シリコンバレーでは、同じようなアイデアを持った数多くの会社が、その中でもナンバーワンの会社になるためにしのぎを削っています。そこで重要なのは、サービスのクオリティではなく、いかに早くサービスをリリースできるか、そしていかに早く改善を重ねていくかということです。多少粗くても構わないので最速でやることがシリコンバレー流なのです。

実際にこの原則をAppleやGoogleも日々の業務に取り入れており、創造性と生産性の両方を同時に高めながら圧倒的な成果を出し続けているのです。

ここまでのノート術によって、いかにアイデアを発想し、それを整理・分析して、人を動かせるプランに仕上げるのかということを扱ってきました。

しかし、肝心なのは、出来上がったプランを行動に移し、仮説が正しかったかどうかを動きながら検証していくことです。

たとえ創造性を働かせてクオリティの高いアウトプットができたとしても、それが現実にビジネスの課題を解決できるものなのか、顧客のニーズを満たせるサービスなのかというのは、まったくの別問題です。どれだけのことをどれくらいの時間かけてやれば、どれくらいの結果が出るのか、というのは、やってみないことには誰にもわかりません。

つまり、不確実なのです。この不確実な状

Fig. 22 スピードを上げてから、クオリティを高める

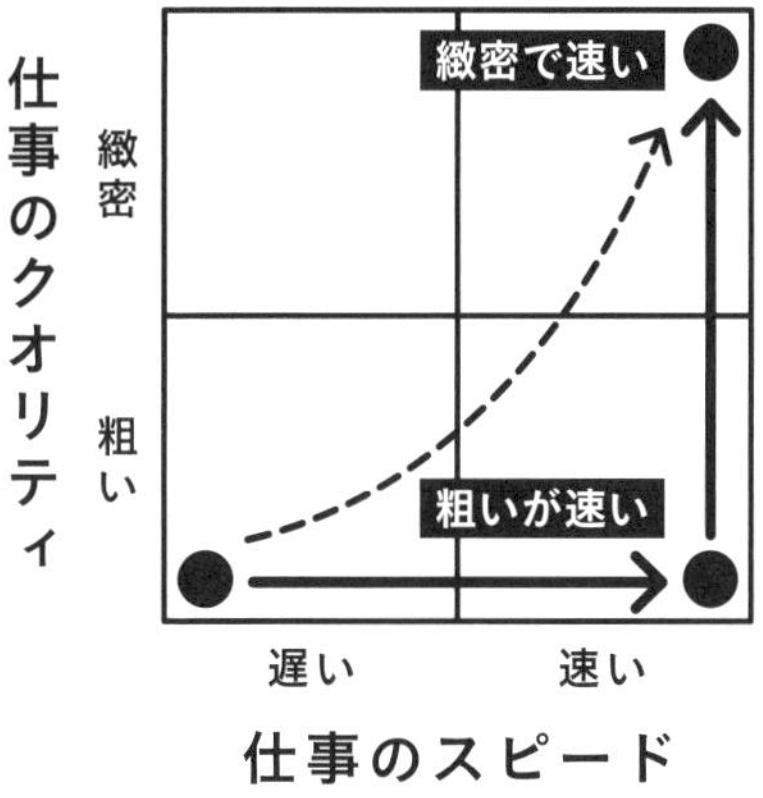

緻密に仕事に取り組んでいても、アウトプットが出ていなければ成果はゼロ。まずは粗いけれど速いアウトプットができるようにする。

態の中でも仕事を先に進めることができるかどうかが、現代の激変するビジネスシーンでは非常に重要です。

そしてその仕事を進めるために必要なのが、前章までに扱ってきた「創造性」と対をなす概念である、「生産性」です。

創造性に生産性を掛け合わせて圧倒的インパクトを生む

創造性とはこれまでとは違うものの見方や考え方をすることで、いままでよりも結果を生み出せる力のことです。

例えば、「トイ・ストーリー」を手がけたことで有名な、ピクサーのエド・キャットムルは「創造性とは人生の問題を解決すること」だと言っています。人生には様々な問題があります。仕事の問題もあればプライベートの問題、大きな問題から小さな問題まで。これらの問題をうまく解決するときに重要なのが「何をすればいいのか」を見出す創造性です。英語でいえばWhatにあたります。

この「何をすればいいのか?」を見出す力のことを、この本では創造性と呼んでいます。

そして、何をすればいいかがわかったら、次に考えるべきは「どんな方法が最も効率よくそれを実現できるか?」です。つまり、最短距離でWhatを実現させる方法です。この力をこの本では生産性と定義します。

クリエイティブな人は、自分や周囲の人、もしくは社会問題となっているような誰かが困っている問題に対して、うまい解決方法を思いつくことができます。

一方、プロダクティブ（生産的）な人は、見出した問題解決の方法を、誰よりも効率よく実行できます。効率よく、というのは時間やお金をかけないで、少ないコストで実現できることを意味します。

Fig. 23　創造性×生産性＝成果

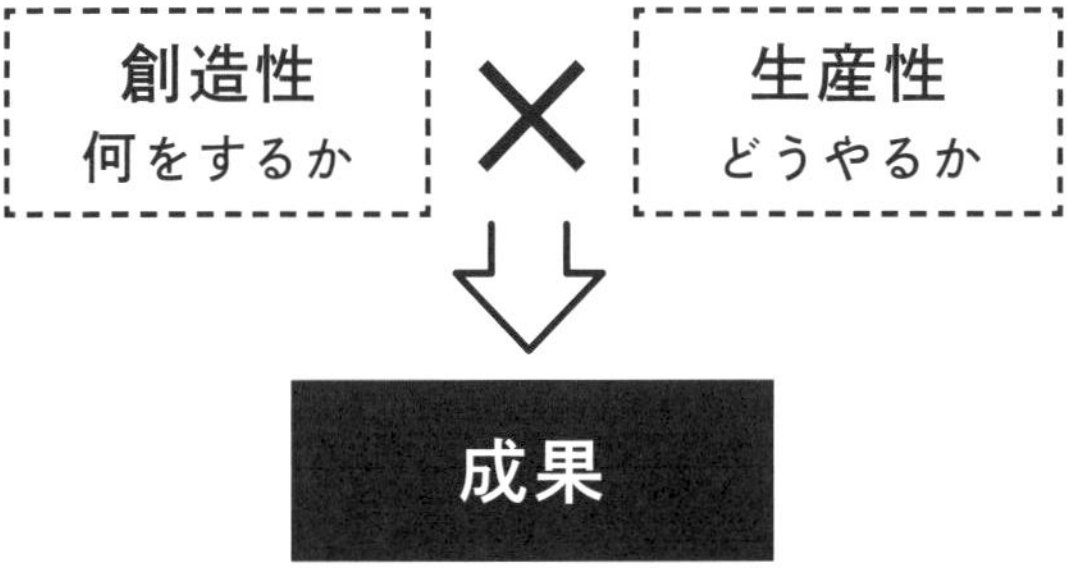

仕事の成果は、創造性と生産性の組み合わせで決まります。創造性を高めるためのルールと、生産性を高めるためのルールは異なるため、上手に使い分けることがポイントです。

SECTION 2

創造性と生産性はルールが異なる

素晴らしい仕事をしようと思ったら、まずは創造性を働かせて何をすべきかを明確にする必要があります。

そしてその次の段階では、明確になった仕事を確実に効率よくこなす、生産性も重要です。

概念的にはそこまで難しくない話なのですが、いざ実行しようとするとなかなかうまくいかないことの方が多いのも事実です。なぜでしょうか？

それは創造性を高めるために必要なことと、生産性を高めるために必要なことが真逆といっていいぐらいに違うためです。

たとえるならそれは、バスケットボールとサッカーの違いに似ています。手を使ってゲームをするのがバスケですが、そのバスケでサッカーのようにボールを蹴ってはルール違反になります。

異なるルールをうまく把握して、状況によってうまく切り替えながら仕事ができるかどうかが、最終的に良い仕事をできるかどうかを決めます。

創造性には、次のような性質・ルールがあります。

1 これまでの枠組みとは違うアイデアを出す
2 うまくいくアイデアよりもうまくいかないアイデアの方が多く生まれる
3 うまくいった場合は現状が10倍以上変化する

一方で生産性は次のような性質・ルールがあります。

1 これまでの枠組みをフルに生かしたアイデアを出す
2 うまくいくことがほとんどである
3 うまくいった場合は現状から数％改善する

次のセクションでは、後者の生産性について、いかにそれを高められるのか、その思考法と方法論を紹介します。

SECTION 3

集中力を保つための思考法

フロー状態を持続させる「20－20－20ルール」「ポモドーロ・テクニック」

90ページで「フロー状態」について説明しました。アイデアを発散する過程で、それをやるのが楽しくて仕方がない、没頭できていることを「フロー」といい、その状態を目指すための方法をお伝えしました。

これはアイデアの発散段階だけでなく、作業を効率的に生産性高く行なうためにも意識したい考え方です。

仕事に集中する時間を長くとれれば、それだけ成果を出しやすくなります。

少なくとも1時間に1回は必ず10分程度の休憩時間が必要です。時計や携帯でタイマーをセットし、1時間がきたら強制的にやめるようにします。ここで、「うまく乗ってきたから続けよう」とつい思ってしまいますが、休憩のない仕事は長期的な視点であまり効果がありません。2時間はぶっ通しでできるかもしれませんが、その反動で疲れてしまって、さらにその次の1時間では、集中することが難しくなります。

また、1時間という時間には科学的な根拠があります。ある研究によると、1時間以上座りっぱなしの状態を続けることは、タバコを吸うこと並みに体に害があるとわかっています。

なぜかといえば、人間がいまみたいに椅子に座ってパソコンとにらめっこをして一日中デスクワークをするという行為は、人の歴史から見るとかなり異例なことだからです。数千年以上もの間、食料を探すなど歩きまわったり移動したりしているのが私たちの体には「普通」だったのです。

とはいえ、異常だとわかっていても仕事はしなければなりません。だからこそ、体に負荷をかけないためにも適度な休憩が必要です。

▼20-20-20ルール

1時間といいましたが、もしどうしても一日中仕事をしなければならない、という状況があるのであれば、さらに細かい時間に分けて休憩する方が一日の終わりまで集中力を維持できます。

そこで役に立つのが「20－20－20ルール」です。これは、20分に1回、20秒の休みをとって（できれば立ち上がって軽く動く）、20メートル先を眺める、というものです。これにより、体の疲れはもちろん目の疲れが深刻になる前に適度に休みを挟むことができます。

▼ポモドーロ・テクニック

また、「ポモドーロ・テクニック」という考え方も有効です。

こちらも「20－20－20ルール」と同様に、いきなり1時間続けて仕事をすることに慣れていない人に特におすすめです。

このテクニックは、イタリア出身のコンサルタントであるフランチェスコ・シリロによって生み出されました。彼はエンジニアだったので、このテクニックはまずソフトウェア開発を行なう関係者に広がり、さらに世界のエグゼクティブが目を通しているハーバード・ビジネス・レビューなどで紹介され、一気に世界中で知られるようになりました。

既に知っている方もいらっしゃると思いますが、日本ではまだまだ知名度が低いように感じていますのでここで紹介したいと思います。より詳細に知りたい場合は、本人が書いた本がおすすめです。本書の参考文献に詳細を記載しておきますので興味のある人はぜひ読んでみてください。

このテクニックに必要なのはタイマーです。そして、その全体像は以下のとおりです。

1 実行するタスクが何かを設定する。
2 タイマーを25分に設定する。
3 タイマーが鳴るまで設定したタスクを続ける。
4 タイマーが鳴ったら作業を終了する。
5 5分間の休憩をとり、散歩したり、深呼吸したり、水を飲むなど、タスクとまったく関係ないことをして脳と体をリラックスさせる。
6 3〜5を4回繰り返して2時間経ったら、20〜30分の長めの休憩をとる。

通知機能はオフ

デジタルデバイスには、メッセージなどが届くと通知される機能があります。しかし集中しているときに音がなったりすると邪魔になります。どうしても重要な連絡が届くようなときを除いて、基本的にすべての通知を一旦オフにしましょう。一番単純なのは、携帯電話の電源自体をオフにすることです。もしくは、機内モードにしましょう。簡単なことですが、これだけで「せっかく集中してきたのに、電話がなって没頭感が消えてしまった」という事態を防げます。

ある研究によれば、一旦集中していたところに横やりが入ってしまうと、同じように集中した状態に戻るまで23分ほどかかるといわれています。1時間のうち、最初の30分集中できていたとしても、横やりが入った瞬間、残りの30分はほぼ集中できずに終わることになってしまいます。集中力を維持し、無駄な時間を使わないためにも通知はオフにしておきましょう。

絶対にWi-Fiが飛んでいないようなカフェに足を運び、特定の作業しかできないような状況に身を置くことも有効です。重要なのは「自分には集中力がある」とは思わずに「とても集中力が低いので、ネットサーフィンなどの誘惑がそもそも出てこない環境じゃないと無理だ」と思うぐらいの気持ちでいることです。これは、自信がないからそう思うわけではなく、そもそも人間は集中するのが苦手である、という考え方に基づきます。

マルチタスクは浅い仕事にしかつながらない

また、デジタルデバイスの大きな特徴が、いくつものソフトウェアやサイトを立ち上げて同時進行で様々な仕事に取り組めることです。

マルチタスキング、というと非常に効率の良いイメージを持つ人もいるかもしれません。たしかに効率がいいのですが、それはあくまでも仕事の中身が簡単な場合に限られています。

例えば、簡単な質問に答えるためにメールを返信する、日程調整をするためにカレンダーを見るなどです。これらの簡単なタスクであれば、同時進行でこなすのも悪くありませんが、質の高い仕事をするにはマイナスであることが近年の研究では明らかになっています。

具体的には、一つの仕事をある程度行なってから別の仕事に移る場合、脳内に「注意力の残留」が生まれてしまいます。ここでいう「注意力の残留」とは、脳の意識が前の仕事にまだ向いていて、そのタスクについて考えていることをいいます。

例えば、タスクAを完全に終える前に、タスクBに移行したとします。画面上にはタスクBに関するものしか表示されていなかったとしても、私たちの認知はいくらかタスクAに対して引き続き残ってしまうのです。私たちの認知系統は、機械のようにボタンを押せばすぐ完全に切り替わるようにはなっていません。

当然ながら、脳の認知が完全にタスクBに切り替わっていない状態で仕事を続けることになるため、集中しきっている状態に比べると、仕事のパフォーマンス（仕上げる速度やクオリティ）が低下してしまいます。

この問題の解決策はシンプルで、「時間を区切る」ことにあります。

時間的なプレッシャーがある中でタスクを完了させることにより、完了したタスクに関連した認知も、同時に終了することを促します。これにより、次のタスクBに取り組み始めたときにタスクAに対する注意力が残っている状態を防ぎ、次のパフォーマンスを高めることができます。

つまり、「仕事が終わった」という認知的な完了だけでなく「時間が来た」という物理的な完了も同時に体験することで、脳の認知が次のタスクに向きやすくなるのです。

まとめると質の高い仕事をしたい場合は、時間を区切ってそのタスクだけに専念することが最も効果的です。同時並行で仕事をしているとたくさんの仕事をこなした気にはなれるかもしれませんが、パフォーマンスは下がってしまうので、ぜひ「認知」と「時間」の

2つで仕事を完了させる環境をつくってください。

一日に取り組む仕事は3つだけ

私たちが一日の中でできる仕事の量は限られています。限られた時間とリソースを使って確実に仕事をこなすためには「今日は絶対にこれだけは終わらせる」というものをあらかじめ設定し、それを確実にこなすことが必要です。

生産性の高い人は、必ず仕事に取り掛かる前に今日やるべきことの中で特に重要な仕事とそうでない仕事を整理しています。

具体的には「一日でやる仕事を3つに限定する」という基準を持つのがわかりやすいでしょう。

これは実際に3つしかやらないということではなく、最初に終わらせる仕事、二番目に終わらせる仕事、三番目に終わらせる仕事、という形で順番をつけるためにやります。

もちろん、場合によってはやりたいと思った仕事以外の用事や雑務が発生してしまうことはあると思います。だからこそ、一番最初に何を終わらせるべきか一日の始まりに意識しておくことは生産性を高める上でも重要です。

そして、3つの仕事だけ書き出したら、目に見える形でその3つを常に仕事場に貼り付けておきます。序章で紹介した付箋を使っても構いませんし、書いたノートを開きっぱなしにしておいても構いません。いずれにせよ、常に視覚的にどの仕事が今日最も重要なのかをわかるようにするためです。残念ながら私たち人間の集中力は長く持ちませんし、情報量も日に日に増えているため、こうでもしないと「忘れる」のです。

よっぽど記憶力が良い人は別ですが、脳は忘れる方が得意であるという前提を踏まえた形で仕事をするようにしましょう。

SECTION 4

重要なのは「いつ」「どこで」集中するか

「集中力が高い人」と「低い人」に分けられるかもしれませんが、実際のところ両者の差は変えられない固定的なものではありません。というのも、集中力が高い人の中には生まれつきの人もいるでしょうが、実際には「自分がどういう環境ならより集中できるか」を知っている人の方が多いのです。

そして、その環境は「いつ」と「どこで」の2つに集約されます。ここでは、まず「いつ」というタイミングについて紹介し、その次に「どこで」という場所について紹介します。

早起きすると生産性が下がる人もいる

一般的に、朝早く起きて仕事に取り掛かる人には「生産的」なイメージがあります。例えば、Amazon創業者のジェフ・ベゾスやAppleのCEOであるティム・クックなど、多くの著名な経営者は朝4時や5時に起きてメールチェックをしたり、本を1冊読む、もしくはジムで体を動かしシャワーをあびてから誰もいない会社に出社して一人黙々と仕事をこなすなど、かなり濃密な形で朝の時間を活用しています。

しかし、実際には早起きをする方が生産性が低い人もいることが最近の研究でわかってきました。この研究で明らかになったのは、時間の使い方に関して人のタイプがおよそ3つに分けられるということです。

- タイプ1：朝に強い「ヒバリ型」で、これは人口の約14％に相当するといわれます。
- タイプ2：夜に強い「フクロウ型」です。実は、朝に強い人よりもこちらのタイプの人の方が人口が多いといわれています。約21％です。
- タイプ3：ヒバリ型やフクロウ型ほど顕著ではない、その中間となる「第3の鳥型」です。これは約65％が相当します。

よく聞く早起き型の仕事ですが、例えば「朝少し早く起きて誰にも邪魔されない環境で集中力のいる仕事をこなしましょう。午後は集中力が途切れやすいので単純な作業にあてましょう」というアドバイスを聞いたことがあるかもしれません。

しかし、このような仕事の方法はタイプ3の人にのみ有効です。なぜなら、朝に強いヒバリ型は文字通り午前中が最もハイパフォーマンスのため、イメージ的には午前4時に起きて12時までにほとんどの仕事を片付けてしまう方が本当は理想です。

一方、夜に強いフクロウ型が、無理して朝に早起きしても午前中は頭がうまくまわらないので、早起きする方がしないよりも「より強く」パフォーマンスが悪くなってしまいます。

そして、タイプに限らず創造的なことが得意な時間帯と生産的なことが得意な時間帯を誰もが持っています。

例えば、多数派であるタイプ3の場合、早朝から午前中にかけては高い集中力が必要な分析的な作業が向いています。一方、創造的な仕事は集中力が切れやすい夕方前後が最適です。なぜ、夕方なのかについては私たちの意識のコントロール力が関わってきます。というのも、集中力が途切れたときというのは、他のものに気が向きやすく意識のコントロールが難しいタイミングですが、だからこそ目の前の仕事には直接関係しないことを考えたり空想するのに向いているからです。

自分がどのタイプかを知る目安としては、次の3つの基準が参考になります。

1 通常、何時に眠るか？
2 朝は何時に起きるか？
3 睡眠の中間時刻（眠りに落ちた時刻と目覚めた時刻のちょうど中間）はいつか？

自分がどの時間帯に集中できるのか、過去の経験上よくわかっている人は少しでも多くのことをその時間で実行できるように意識し行動してみてください。

パフォーマンスが上がる場所を知る

どのタイミングで仕事をするかが重要であると同時に、それをどんな場所で行なうかも同じように重要です。集中力に影響を与える要因として最も大きいのが「騒音レベル」です。

騒音と聞くと、工事の音や電車の音、おしゃべりしている人の声など、あまり集中できそうにないイメージがあるかもしれません。しかし、これも個人差があることが近年明らかになってきており、人によっては「雑音」がある方が集中できるという研究結果があります。

つまり、「集中しなきゃ」と思い、一般的にいわれているような静かな場所、例えば図書館に足を運んだ場合、想定通り集中できるタイプAの人もいれば「静かすぎるからこそ」実は集中できないタイプBの人もいるということです。

この研究結果によると、一般的に集中力が低いと思われるような人ほどカフェのような音楽や人の声がある程度あるような場所の方が集中でき、集中力が高いといわれる人ほど無音の状態で集中できることがわかりました。

ちなみに、私個人はカフェのような場所だったり、人目があるような場所の方が集中できます。つまり、あまり集中力は高くないということです。よって、普段から自宅のようなほぼ無音の場所はあまり集中力が続かないので、カフェやフードコートなど、少し人がいて騒がしい場所で仕事をするようにしています。もちろん、図書館のような場所で仕事をするときもありますが、そのときは、自分が好きなミュージシャンの音楽を聞きながらやっています。

自分がどのタイプかわからない場合は、ものは試しで（あなたに直接声がかかったりはしない）他の人達が少しうるさ目におしゃべりしていたり、子どもの声が聞こえるような場所で仕事をしてみてください。図書館のような完全な無音よりも仕事がはかどったのであれば、ある程度騒音がある方が集中できるタイプでしょう。

ちなみに、なぜ集中力が低い人の方が少しうるさい環境で集中しやすいかですが、集中力が低い人というのは注意力が常に散漫な傾向があります。私もそうですが、何かをすすめている途中に他の全然関係ないことが頭に思い浮かんでしまい、目の前の作業に集中できなくなる傾向があります。

完全に無音の場合、目の前の仕事に集中しようと思っても「他の考え事」を思いうかべるスペースが脳内にあるため、気が散りやすくなります。一方で、不快にならないレベルでの音楽や人の声が聞こえている環境では、そちらの音にも意識がある程度飛んでいるので、目の前の仕事と周囲の音以外に意識を向ける余裕がありません。すると、結果的に目の前の仕事か雑音かという二者択一になるため、無音状態で何個も多くのことに気が散る状況よりも、比較して目の前の仕事に集中しやすいということです。

体質によらず「水分補給」は常に有効

「いつ」と「どこで」についてはそれぞれのタイプによって何がベストかは異なっています。一方で、あらゆるタイプに関係なく集中力を高める上で有効なことがあります。それは「水を飲むこと」です。

とても簡単で本当に効果があるのか疑問に思う人もいるかもしれませんが、コップに何杯かの水を飲むことは、脳の働きを助け身体的な能力のみならず知的な能力まで向上することが明らかになりました。

具体的には、水を飲んで知的作業に取り組んだ人とそうでない人を比較した結果、実際の作業に取り組む前に約500ミリリットル（一般的な一人分のペットボトル）の水を飲んだ人は、飲まなかった人と比べて、14％ほど反応時間が速くなる傾向が見られました。また、のどの渇いた人に対して同様の実験を繰り返したところ、さらに強い効果が出ることもわかりました。

研究者の一人は「わずかな水分不足も、私たちの知的パフォーマンスに影響を与える」とコメントしています。

さらに、実際の脳に対する影響は「のどが渇いたな」と自覚する前から始まっていることも示唆されています。なぜ、水を飲むことが有効なのかについては様々なことが考えられますが、脳の80％は水分によって構成されていることからも、水を飲むことによって頭脳の働きが高まることが容易に推測できます。

水を一杯飲むだけで、少なくとも普段より1割増のパフォーマンス向上を期待できるのであれば、飲まない手はありません。

SECTION 5

デジタルデバイスの活用法

パソコンは「発散」よりも「収束/編集」に向く

アナログツールの方が、アイデアを考える際のスタートには優位であると最初にお伝えしました。しかし、プロセスが進んでいけば編集が必要になり、その際にはデジタルデバイスも使う方がより効率的に仕事が進みます。

ノートはアイデアを発散させることに向いている一方、整理するときはポスト・イットなどを併用しないと効率が悪くなってしまいます。

一方、デジタルデバイスは、既に発散して生まれたアイデアについて、整理したり分析する上ではとても効率がいいものです。

この項目では、読者の方の創造性と生産性をより高めることを目的に、デジタルデバイスの使い方やデバイスを使っているときにうまく集中力を保つための簡単なコツについていくつか紹介していきます。

Apple Pencilと iPadは、ほぼリアルな紙とペン

ここでおすすめしたいのはApple Pencilを使ったiPad上での知的生産術です。iPadにこのGood Notesというアプリをインストールして使えば、文字通りいままでより何倍も早くかつクオリティの高い仕事ができるようになります。

私自身はiPad Pro 12.9inchを使っています。理由としては、A4サイズの書類やPDFを取り込んだときに、原寸のサイズ感でメモをしたり編集ができるからです。ただ、重さを気にする人は一回り小さい方がいいかもしれません。

これはiPadに限らない話ですが、タブレットを選ぶときはディスプレイの見やすさ（大きさ）と重さがトレードオフになるので、店頭で書き心地や重量感を確認しながら、自分のライフスタイルにあったものを選んでみてください。

そして、iPad上で仕事をする上で、とても便利なアプリが「GoodNotes」です。本書の発刊時には「GoodNotes 5」が最新バージョンになっています。

このアプリは様々な機能がありますが、中でも日々の創造性と生産性を高める上で非常に便利だと思われる機能が次の3つです。

▼スクリーンショットや写真データを即座に取り込み、メモを書ける

パソコン上でPDFなどのデータを利用している場合、少しだけその書類にメモを加えたくても少し手間がかかります。しかし、このアプリを使えば、取り込んだPDFや写真や書類の上に直接メモをとることが可能です。

▼なげなわツールでメモした内容の大きさや書かれている場所を自由に変更できる

物理的なノート上で、自由に書き散らすことを提案しましたが、人によっては「やはりキレイに整理したい」と思うでしょう。そういった場合にもこのアプリを使うと書き散らかしたものを再整理する上で非常に効果的に内容を整理することができます。

▼自作フォーマットを含めた多くのノート形式を取り込める

より具体的には、中身が何も書かれていない小さめの枠16個が書かれたテンプレートを用意することです。これがあれば、何かプレゼンテーションをするときや、ステップで仕

事を考える際に順番にアイデアを書き込むことができます。

ここでも、間違えたら消すのではなく次の枠を使ってどんどん書いていくことをおすすめします。編集は、ある程度アイデアを出し切ったと思ってからやる方が、トータルの効率がよくなります。

Googleサービスで編集する

iPadやGoodNotesを使うにはある程度のお金を払う必要がありますが、無料ですぐに使えるツールもあります。おすすめのものは、Googleドキュメント、Googleスプレッドシート、Googleスライドです。

Microsoft の Office ほどの機能はありませんが、簡単な作業であればすべてGoogle上で終わります。これらのサービスには3つのメリットがあります。

1 無料
2 書類のバージョン管理が自動
3 リアルタイムで共同編集が可能

ちなみに、この本の原稿も、全部Googleドキュメントとスプレッドシートを使って書いています。

無料で使えることも大きなメリットですが、もう一つ大きなメリットがあります。それは、バージョン管理を自動的にやってくれることです。ファイルをまずは「ver1.1」、さらに追加で上司のコメントをもらったら「ver1.2」といった形で保存して、ファイルが気づけば膨大な数になった経験はないでしょうか。このような面倒をすべて避けることが可能です。

また、Google上では、リアルタイムで50名とまで同時編集が可能です。既に紹介したようにホワイトボードを使ってみんなでアイデアを出すことができなくても、オンライン上で似たようなことを同時に行うことができます。

Miro（オンラインホワイトボード）で編集する

Google Driveもオンライン会議に有効ですが、さらにビジュアルを重視して共同作業をしたい場合にはMiroがおすすめです。こちらも無料で3ボードまでは使うことができるので、ちょっとした会議やアイデア出しを集団で行うときにとてもおすすめです。具体的なMiroのメリットとしては次の3つです。

1 巨大なホワイトボードとして利用可能
2 使いやすい付箋機能
3 豊富なテンプレート・フレームワーク

オンライン上のホワイトボードとして共同作業ができるのは、すでに紹介したGoogleスライドと同じですが、Miroの方がより広く大きなボードとして利用することが可能です。

また、自由にサイズや色を変更できる使い勝手のいい付箋機能が最初から付いているため、本書で紹介した様々なフレームワークやツールを気軽に利用することもできます。

さらに、チームの創造性と生産性を高める上で便利なテンプレートやフレームワークが数多く搭載されています。目的や状況に応じて効果的に使い分けることが可能です。

SUMMARY

- ☑ 創造性と合わせて生産性を上げることで、成果は格段に大きく、早く実現できる
- ☑ 生産性を上げるためには、「いつ」と「どこで」が重要
- ☑ 1時間集中するたびに休憩をする。慣れなければ20－20－20ルールやポモドーロ・テクニックを活用して、より細かい時間単位で作業を分割する
- ☑ 紙とペンでアイデアを発散した後はデジタルデバイスを活用するのも有効
- ☑ iPadとApple Pencilや、クラウドで利用できるホワイトボードなどを使って、アイデアの整理や共有を行なう

参考文献

1. Arkes, H. R., & Ayton, P. (1999). The sunk cost and Concorde effects: Are humans less rational than lower animals? Psychological Bulletin, 125(5), 591-600.
2. Both, T., Baggereor, D., The Bootcamp Bootleg, Stanford d.school.（『デザイン思考家が知っておくべき39のメソッド』柏野尊徳監訳，木村徳沙・梶希生・中村珠希訳，アイリーニ・マネジメント・スクール デザイン思考研究所編）
3. Brown, T., & Katz, B. (2019). Change by design: how design thinking transforms organizations and inspires innovation (Vol. 20091): HarperBusiness New York, NY.
4. Calvo, I., Arruarte, A., Elorriaga, J. A., Larrañaga, M., & Conde, A. (2011, 12-15 Oct. 2011). The use of concept maps in Computer Engineering education to promote meaningful learning, creativity and collaboration. Paper presented at the 2011 Frontiers in Education Conference (FIE).
5. Campbell, J. (2008). The hero with a thousand faces (Vol. 17): New World Library.
6. Chang, L., & Birkett, B. (2004). Managing intellectual capital in a professional service firm: exploring the creativity–productivity paradox. Management Accounting Research, 15(1), 7-31.
7. Csikszentmihalyi, M. (1997). Flow and the psychology of discovery and invention. HarperPerennial, New York, 39.
8. Di Stefano, G., Gino, F., Pisano, G. P., & Staats, B. R. (2014). Learning by Thinking: How Reflection Aids Performance. SSRN Electronic Journal.
9. Donohoo, J. (2010). Learning How to Learn: Cornell Notes as an Example. Journal of Adolescent & Adult Literacy, 54(3), 224-227.
10. Doorley, S., Holcomb, S., Klebahn, P., Segovia, K., & Utley, J. Design thinking bootleg, Stanford d.school.（『スタンフォード流 デザイン思考を実践する人の38の技法』柏野尊徳監訳，アイリーニ・マネジメント・スクール デザイン思考研究所編）
11. Edmonds, C. J., Crombie, R., & Gardner, M. R. (2013). Subjective thirst moderates changes in speed of responding associated with water consumption. Front Hum Neurosci, 7, 363.
12. Edmondson, A. C. (2012). Teaming: How organizations learn, innovate, and compete in the knowledge economy: John Wiley & Sons.
13. Jansen, R. S., Lakens, D., & Ijsselsteijn, W. A. (2017). An integrative review of the cognitive costs and benefits of note-taking. Educational Research Review, 22, 223-233.
14. Kahneman, D. (2011). Thinking, fast and slow: Macmillan.
15. Kiewra, K. A. (1989). A review of note-taking: The encoding-storage paradigm and beyond. Educational Psychology Review, 1(2), 147-172.
16. Knapp, J., Zeratsky, J., & Kowitz, B. (2016). Sprint: How to solve big problems and test new ideas in just five days: Simon and Schuster.
17. Kobayashi, K. (2006). Combined Effects of Note - Taking/ - Reviewing on Learning and the Enhancement through Interventions: A meta - analytic review. Educational Psychology, 26(3), 459-477.
18. Land, G., & Jarman, B. (1993). Breakpoint and beyond: Mastering the future-today: HarperCollins.
19. Leroy, S. (2009). Why is it so hard to do my work? The challenge of attention residue when switching between work tasks. Organizational Behavior and Human Decision Processes, 109(2), 168-181.
20. Makany, T., Kemp, J., & Dror, I. E. (2009). Optimising the use of note-taking as an external cognitive aid for increasing learning. British Journal of Educational Technology, 40(4), 619-635.
21. Mark, G., Gudith, D., & Klocke, U. (2008). The cost of interrupted work: more speed and stress. Paper presented at the Proceedings of the SIGCHI Conference on Human Factors in Computing Systems, Florence, Italy.

22. Marquardt, M. J. (2004). Optimizing the power of action learning (Palo Alto, CA, Davies. In: Black Publishing.
23. Meng, X., Zhao, S., & Edge, D. (2016). HyNote. Paper presented at the Proceedings of the International Working Conference on Advanced Visual Interfaces.
24. Mueller, P. A., & Oppenheimer, D. M. (2014). The pen is mightier than the keyboard: advantages of longhand over laptop note taking. Psychol Sci, 25(6), 1159-1168.
25. Nesbit, J. C., & Adesope, O. O. (2016). Learning With Concept and Knowledge Maps: A Meta-Analysis. Review of Educational Research, 76(3), 413-448.
26. Neumeier, M. (2009). The designful company: How to build a culture of nonstop innovation: Peachpit Press.
27. Nielsen, J. A., Zielinski, B. A., Ferguson, M. A., Lainhart, J. E., & Anderson, J. S. (2013). An Evaluation of the Left-Brain vs. Right-Brain Hypothesis with Resting State Functional Connectivity Magnetic Resonance Imaging. PLOS ONE, 8(8), e71275.
28. Owen, N., Healy, G. N., Matthews, C. E., & Dunstan, D. W. (2010). Too much sitting: the population-health science of sedentary behavior. Exercise and sport sciences reviews, 38(3), 105.
29. Pink, D. H. (2019). When: The scientific secrets of perfect timing: Penguin Press.
30. Pink, D. H. (2005). A whole new mind: Moving from the information age to the conceptual age (Vol. 50): Riverhead Books New York.
31. Piolat, A., Olive, T., & Kellogg, R. T. (2005). Cognitive effort during note taking. Applied Cognitive Psychology, 19(3), 291-312.
32. Quintus, L., Borr, M., Duffield, S., Napoleon, L., & Welch, A. (2012). The impact of the Cornell note-taking method on students' performance in a high school family and consumer sciences class. Journal of Family & Consumer Sciences, 30, 1.
33. Raichle, M. E., MacLeod, A. M., Snyder, A. Z., Powers, W. J., Gusnard, D. A., & Shulman, G. L. (2001). A default mode of brain function. Proceedings of the National Academy of Sciences, 98(2), 676.
34. Sasai, S., Boly, M., Mensen, A., & Tononi, G. (2016). Functional split brain in a driving/listening paradigm. Proceedings of the National Academy of Sciences, 201613200.
35. Smith, A. (2010). The theory of moral sentiments: Penguin.
36. Soderlund, G. B., Sikstrom, S., Loftesnes, J. M., & Sonuga-Barke, E. J. (2010). The effects of background white noise on memory performance in inattentive school children. Behav Brain Funct, 6, 55.
37. Vogler, C. (2007). The writer's journey: Michael Wiese Productions Studio City, CA.
38. Wang, Z., & Tchernev, J. M. (2012). The "Myth" of Media Multitasking: Reciprocal Dynamics of Media Multitasking, Personal Needs, and Gratifications. Journal of Communication, 62(3), 493-513.
39. Weatherhead, P. J. (1979). Do Savannah Sparrows Commit the Concorde Fallacy? Behavioral Ecology and Sociobiology, 5(4), 373-381.
40. Young, J. W., & Reinhard, K. (1975). A technique for producing ideas: NTC Business Books.
41. Yunis, H. (2018). The Art of Rhetoric: Oxford University Press.
42. 池谷裕二・糸井重里（2002）『海馬：脳は疲れない』朝日出版社．
43. エド・キャットムル（2014）「ピクサー流 創造性を刺激する組織のつくり方」Harvard Business Review, 39(11), 52-60.
44. 重富渚（2013）『Tools for Creativity: 創造性の道具箱 Newsletter for Innovators』アイリーニ・マネジメント・スクール デザイン思考研究所編．
45. 中西泰人・岩嵜博論・佐藤益大（2011）『アイデアキャンプ』エヌティティ出版．
46. フランシスコ・シリロ（2019）『どんな仕事も「25分+5分」で結果が出る ポモドーロ・テクニック入門』斉藤裕一訳，CCC メディアハウス．
47. マッテオ・モッテルリーニ（2008）『経済は感情で動く』泉典子訳，紀伊国屋書店．
48. 鷲田小弥太（2003）『分かる使える思考法事典』すばる舎．

謝辞

本書は私の単著として出版されていますが、実際に出版するまでに様々な人からサポートと協力をいただきました。大勢の方との会話や仕事を通じてアイデアが洗練され、本書の原稿を執筆することはとても楽しくやりがいのあるものとなりました。特にお世話になった方々をご紹介して謝辞とさせていただきます。(順不同)

石田一統さん、イー・チャンさん、トーマス・ボスさん、アダム・ロイヤリティーさん、宮下祐介さん、足立敬さん、岡慧準さん、梶希生さん、小島清樹さん、齋藤譲一さん、吉川肇子先生、國領二郎先生、玉村雅敏先生、山脇秀樹先生、石田恭規さん、薄井佐知子さん、沖森絵美さん、金畑里奈さん、木村徳沙さん、斉藤紗紀さん、斉藤雅世さん、重富渚さん、中澤雄一郎さん、中村珠希さん、肥後和男さん、平塚博章さん、山口木綿香さん、上野敏良さん、河井研介さん、鹿野浩史さん、小林弘典さん、鈴井博之さん、瀬賀啓衣さん、高内章さん、谷川徹さん、千葉伸明さん、福田強史さん、藤田勝利さん、水野貴之さん

足立邦平さん、阿部理央さん、氏田あずささん、上廣友梨さん、碓井舞さん、長田勇二さん、小澤陽子さん、蒲田みずきさん、斉藤博さん、佐々木紀子さん、齊藤滋規先生、澤谷由里子さん、鈴木公明先生、高山千弘さん、瀧知惠美さん、立石妃成子さん、田中・ブラッドリー・優介さん、西江裕美さん、花田宏司さん、原田愛美さん、原弘美さん、前野隆司先生、宮嶋みぎわさん、山下亜莉紗さん、八木田寛之さん、山田圭介先生、山田佑樹さん、横田幸信さん、吉貞亮治さん、渡邊大智さん、浅野ヨシオさん、ウエスタン安藤さん、池田哲平さん、栗原茂さん、しぎはらひろ子さん、土井英司さん、藤田悠さん、水野一誠さん、山崎勝さん、鈴木絵美子さん、大石悠一郎さん、折田楓さん、幸地俊樹さん

著者紹介

柏野尊徳（かしの・たかのり）

アイリーニ・マネジメント・スクール代表。エンジェル投資家。専門はイノベーションと起業家精神。慶應義塾大学修士取得。スタンフォード大学でデザイン思考を学んだ後、関連教材を開発しダウンロード数は累計16万部。開催講座は経営者をはじめ計5,000名以上が参加。新事業開発コンサルティングや教育研修を通じ、パナソニックや東京工業大学など様々な組織を支援。2018年設立のマネジメント・スクールは、世界40カ国のスタートアップ関係者を扱う『Startup Guide』に東京を代表する機関として掲載。社会課題の解決に関するプロボノや寄付活動も行う。2020年より英ケンブリッジ大学でイノベーション・エコシステムを研究中。

地頭《じあたま》が劇的《げきてき》に良《よ》くなる
スタンフォード式超《しきちょう》ノート術《じゅつ》

2021年3月22日　初版第1刷発行
2021年4月20日　初版第2刷発行

著　者　柏野尊徳
発行者　小川 淳
発行所　SBクリエイティブ株式会社
〒106-0032　東京都港区六本木2-4-5
電話：03-5549-1201（営業部）

装　丁　三谷 彗
本文デザイン・DTP　荒木香樹
編集担当　長谷川 諒（SBクリエイティブ）
印刷・製本　中央精版印刷株式会社

本書をお読みになったご意見・ご感想を
下記URL、QRコードよりお寄せください。

https://isbn2.sbcr.jp/09047/

ISBN978-4-8156-0904-7